U0522410

国家智库报告

服务业数字化研究

夏杰长 李勇坚 ◎ 主 编
中国市场学会组织编写

RESEARCH ON DIGITALIZATION
OF SERVICE INDUSTRY

中国社会科学出版社

图书在版编目（CIP）数据

服务业数字化研究／夏杰长，李勇坚主编 . —北京：中国社会科学出版社，2024.1

（国家智库报告）

ISBN 978-7-5227-2939-8

Ⅰ.①服… Ⅱ.①夏…②李… Ⅲ.①服务业—数字化—研究 Ⅳ.①F719-39

中国国家版本馆 CIP 数据核字（2023）第 247677 号

出 版 人	赵剑英	
责任编辑	周　佳	
责任校对	田　耘	
责任印制	王　超	

出　　版	中国社会科学出版社	
社　　址	北京鼓楼西大街甲 158 号	
邮　　编	100720	
网　　址	http://www.csspw.cn	
发 行 部	010-84083685	
门 市 部	010-84029450	
经　　销	新华书店及其他书店	
印　　刷	北京明恒达印务有限公司	
装　　订	廊坊市广阳区广增装订厂	
版　　次	2024 年 1 月第 1 版	
印　　次	2024 年 1 月第 1 次印刷	
开　　本	710×1000　1/16	
印　　张	14.5	
字　　数	168 千字	
定　　价	69.00 元	

凡购买中国社会科学出版社图书，如有质量问题请与本社营销中心联系调换
电话：010-84083683
版权所有　侵权必究

编委会

名誉主任：刘志彪

主　　任：夏杰长　李勇坚

委　　员：程大中　顾乃华　胡东兰　姜奇平
　　　　　　李文秀　李坚飞　刘　诚　刘维刚
　　　　　　刘　涛　刘　奕　欧阳日辉
　　　　　　王文姬　王　勇　吴文智　孙盼盼
　　　　　　肖　宇　许　璐　张国云　张月友
　　　　　　曾世宏

前　言

服务业已成为中国经济增长的重要推动力。2023年前三季度，中国的服务业增加值为502993亿元，同比增长6.0%，占GDP的比重为55.1%，对经济增长的贡献率为63.0%。服务业发展得到了国家的高度重视。党的二十大报告提出，要构建优质高效的服务业新体系。"十四五"规划明确提出，加快发展现代服务业，推动现代服务业同先进制造业、现代农业深度融合，推进服务业数字化。这些重要精神，为我们加快服务业高质量发展指明方向。

服务业高质量发展的一个重要方向是数字化。2023年7月24日的中共中央政治局会议指出，要推动数字经济与先进制造业、现代服务业深度融合。《"十四五"数字经济发展规划》指出，数字化服务是满足人民美好生活需要的重要途径。因此，数字化不但能够有利地提升服务业的效率，克服服务业发展过程中的"成本病"[①]问题，也能够更好地满足人民群众对美好生活的追求。从现实来看，2022年，服务业数字经济渗透率为44.7%，高于全部数字经济渗透率（41.5%）、工业数字经济渗

---

① "成本病"也称"鲍莫尔病"。

前 言

透率（24.0%）、农业数字经济渗透率（10.5%）。然而，中国服务企业普遍存在着规模小、盈利能力弱、数据意识薄弱、数字化基础差等问题，服务业内部不同行业之间的数字化水平存在巨大差异。因此，服务业数字化既不能照搬国外的现成模式，也与工业领域的数字化有着不同之处。据此，中国社会科学院财经战略研究院和中国市场学会课题组经过深入的理论分析和扎实的实地调研，提出了"中国式服务业数字化"的概念，引起了广泛关注。

为了对服务业数字化进行深入研究，中国市场学会、中国服务贸易协会在2023年5月启动了"服务业数字化工作委员会"筹备工作并就"服务业数字化"公开面向社会各界征文。征文活动得到了学术界的热烈反响，经过一个月的论文征集工作，共收到论文数十篇，经过专家严格评审，选定了其中的25篇，集结成册，形成了这本书稿。

通过对来稿按照主题进行分类，我们将其分成了七篇，即"总论篇""理论篇""创新篇""消费篇""业态篇""行业篇""案例篇"。总论篇关注服务业数字化的一般性问题；理论篇重点关注服务业数字化能否治愈服务业"成本病"问题，从不同的视角进行深入探讨；创新篇则重点讨论数字化如何推动服务业创新发展；消费篇关注数字化如何促进服务消费；业态篇关注数字化带来的服务业态创新；行业篇则对服务业重点行业领域，如旅游业、金融业等的数字化进行了理论与实证研究；案例篇既包括平台企业推动服务业数字化的案例，也包括服务业数字化的地方案例。

本书作为一本系统研究服务业数字化理论与案例实践的论文集，有几个重要的特点。一是前沿性。本书对一些经典的理论问题从数字化的视角进行重新审视。例如，服务业的"成本病"是服务业理论解释中的一个经典模型。服务业数字化能否治愈"成本病"，在学术界也有争议。本书有四位作者分别从服务业数字化突破"成本病"的路径、数字化提高多样化效率、注意力经济视角、平台经济视角对这一问题进行了剖析，这些视角相较于既有的研究，有一定的突破。例如，多样化效率问题虽然提出较早（可参见 Paul M. Romer 将技术进步视为产品品种增加的经典论文[①]），但将其应用到服务业领域分析"成本病"问题，是一条新的思路。从平台经济视角，重新审视服务业数字化所带来的效率提升及其对"成本病"的治愈机制，可以深入研究。二是时代性。对服务业数字化与当前经济的重大问题进行联系。扩大内需是保持中国经济高质量发展的重要基础。从中国经济发展现状与趋势来看，中国扩大内需的最大潜力在消费，而消费增长的重点在服务消费。由于服务消费不同于实物消费，数字化是推动服务消费、释放内需潜力的重要途径。如何通过数字化扩大内需，是本书作者关注的重点，不但消费篇的三位作者对此进行了深入讨论，而且创新篇、案例篇、业态篇等其他篇章中的作者也涉及了此问题。三是权威性。本书的作者，既有服务经济、数字经济研究领域的知名学者与专家，也有近年来活跃在各个领域的青年才俊，他们共同对服务业数字化所涉及的内容进行了深入权威解读。

当然，服务业数字化是一个新生的事物，涉及的理论与实践问题非常复杂，本书的研究难免挂一漏万。我们将持续深化

---

① Paul M. Romer, "Endogenous Technological Change", *Journal of Political Economy*, Vol. 98, No. 8, 1990, pp. 32 – 36.

前 言

这方面的研究，挖掘相关文献，着力从实践中吸取营养，从而推动服务业数字化理论与实践持续进步，把该领域的研究推向一个新高度，恳请各位读者不吝赐教！

夏杰长　李勇坚

2023 年 11 月 28 日

目录

总 论 篇

以服务业数字化推进经济转型升级　　3
服务业：推动经济恢复的主要抓手　　10
服务业数字化的网络效应分析　　16
优化数字营商环境助力服务业提质升级　　25

理 论 篇

服务业数字化：突破"鲍莫尔病"的关键　　35
服务业数字化提高多样化效率对"成本病"
的影响　　42
注意力经济视角下服务业数字化的"成本病"
分析　　51
平台助力服务业数字化治愈"鲍莫尔病"　　59

创 新 篇

以数字化推动服务业创新发展　　71
融合发展促进生产性服务业数字化转型　　81

服务业数字化与企业创新　　　　　　　　　　91

消 费 篇

以数字经济促进消费扩大和升级　　　　　　101
数字服务消费权益和消费安全　　　　　　　107
互联网平台拓展服务消费的特征与机制　　　115

业 态 篇

文化元宇宙开启消费新时代　　　　　　　　125
服务业数字化释放就业潜力　　　　　　　　135
服务业数字化赋能新就业形态　　　　　　　141

行 业 篇

数字赋能中国式旅游业发展　　　　　　　　151
旅游业数字化转型之路　　　　　　　　　　159
养老服务产业数字化转型　　　　　　　　　167
金融业数字化转型与建设金融强国　　　　　176

案 例 篇

数字化构建服务业发展信任机制　　　　　　185
平台推动低成本的服务业数字化　　　　　　193
以平台产品技术能力推动就业全链路
数字化　　　　　　　　　　　　　　　　　201
服务业数字化发展的市场化、产业化和
国际化　　　　　　　　　　　　　　　　　210

参考文献　　　　　　　　　　　　　　　219

总 论 篇

以服务业数字化推进经济转型升级

发展数字经济是适应科技创新发展、应用科技改变生活、加快实现人民群众对美好生活向往的必经之路。在这一大背景下，加快服务业数字化发展，是服务业实现高质量发展的必然要求，也是带动制造业服务化和制造业数字化的必由之路。

一 服务业数字化是大势所趋，对经济转型升级至关重要

中国信息通信研究院发布的《中国数字经济发展研究报告（2023年）》显示，2022年中国第三产业数字经济渗透率已经达到44.7%，相比第二产业的24.0%和第一产业的10.5%，第三产业也就是我们通常所说的服务业，与数字经济的融合程度可谓是遥遥领先，成为助推经济转型升级的关键力量。

服务业已成为中国第一大产业，是支撑经济增长的主要源泉。党的十八大以来，中国经济发展方式调整步伐加快，产业结构不断向更高水平优化，随着一系列支撑政策措施出台，服务业迎来了黄金发展机遇期，实现了快速增长。从服务业占中国国民经济的比重来看，自2012年服务业增加值占比首次超过

第二产业、达到 45.5% 之后，一路突飞猛进，2015 年首次超过 50%，2022 年达到 52.8%。特别是在 2017—2019 年，服务业对经济增长的贡献率一度超过 60%，① 改写了其长期以来在经济结构中的辅助和从属地位。

数字化推动服务经济转型，改变了传统服务提供方式。数字化给服务业发展带来了重大变革，随着数字技术的更新迭代，大量借助 5G、大数据、人工智能、物联网、区块链等技术的服务新业态持续涌现并不断优化升级。这些新技术、新模式的应用，打破了传统服务提供方式因人、因时、因地受限的僵局，改变了服务业发展的格局和总体布局。在大多数的消费场景中，移动支付已经取代了现金支付，成为主流支付方式，中国网络支付用户规模占整体网民的近 90%，越来越多的人习惯出门购物、旅行等不必再随身携带现金，轻装出行更方便，安全防护更省心。随之兴起的各大平台竞相开发的网络购物、网上点餐、网约车、在线医疗、在线教育等新兴消费场景越来越普及，为充满向往的美好生活提供更加智慧、丰富、便捷的选择方式，不仅有效提高了服务效率，也极大改善了消费体验。

服务业数字化转型顺利，带动制造业与数字经济加快融合。生活性服务业的数字化转型是消费者感受最为直接的领域，而生产性服务业数字化转型正在更广范围赋能各行各业快速发展，有力支撑中国制造业不断向全球产业链、价值链中高端迈进。在制造业和服务业融合渗透日渐深入的趋势下，为有效应对制造业企业提升产业竞争力、分离和外包非核心业务的需求，研

---

① 国家统计局编：《中国统计年鉴（2022）》，中国统计出版社 2022 年版。

发设计、现代物流、信息技术、金融服务等现代服务业乘着数字化浪潮迅速发展，不断提升制造业在生产、分配、交换、消费各个环节中的效率，有利推动了制造业数字化、网络化、智能化、绿色化转型。

二 服务业数字化困难挑战仍在，产业发展还需优化调整

中国服务业数字化占比虽然较大，但面临的困难和问题仍然不少，数字经济和实体经济融合的潜力很大。

一是服务业内部行业数字化结构不均衡。中国服务业数字经济渗透率显著高于工业和农业的数字经济渗透率，但从服务业内部行业的数字化率来看，仍然呈现结构不均衡的状况。从生活性服务业来看，酒店、餐饮等服务业由于服务场景和服务资源更加丰富，相关数字化平台发展迅速，为服务供给和需求提供了更加高效的组织和匹配方式，其数字化率相对较高。根据《中国生活服务业数字化报告（2022）》，酒店业的数字化率已经达到44.3%。而网上购物虽然在人们的直观感受上已经较为普及，但其在中国居民消费支出中的占比并不大，全国实物商品网上零售额占社会消费品零售总额的比重尚不到30%。此外，家政、养老、托育等服务业数字化率还比较低，与人口及行业发展趋势还不相适应。从生产性服务业来看，金融和信息服务行业的数字化进程较快，银行、保险等金融机构都积极在数字化领域布局，金融科技深入拓展，相关业务数字化升级、降本增效成效明显；但在物流运输行业，数字化转型还比较缓慢。根据中国物流与采购联合会正式发布的《中国数字货运物

流发展报告》，2022年中国数字货运平台的总交易额仅占整个公路运输市场的比重约15%，供应链物流等领域的数字化转型还有巨大潜力可挖。

二是生产性服务业对制造业的支撑力度不够强。一方面，中国生产性服务业比重仍然偏低。虽然近年来以信息技术服务为代表的新兴生产性服务业增长态势良好，但从产业发展总体规模来看，中国生产性服务业总量仍然偏小，占GDP的比重不到20%，仅占服务业的1/3左右，与发达国家差距较大。生产性服务业发展不足，对实体经济特别是制造业数字化加快发展的支撑作用有限。另一方面，中国服务业与制造业融合水平也不高。中国要从世界第一制造业大国发展成为制造强国，其关键就是要提升制造业创新能力和发展质效，而与服务业的融合发展是其中的重要一环。目前，由于生产性服务业发展还不充分，国内的制造业服务化水平总体不高，现有两业融合成效主要集中在一些行业龙头、骨干企业，先进的管理模式和发展战略需求促使其在先进制造业和现代服务业深度融合、数字化转型方面走在前列。但是系统的两业融合生态仍未成型，更多中小企业由于缺少核心技术、没有品牌营销手段以及战略资金支持等，服务化转型滞后、产品附加值低、生产效率不高，仍处在产业链价值链的中低端。

三是精准服务与数据安全之间的矛盾日益凸显。从用户的角度看，使用数字化的线上服务，如扫码点单、网上购物等普遍存在要先注册，允许获取用户位置、手机状态信息等问题。而消费者并不能有效确定商家收集到的数据的最终流向、使用范围是否合理，并且还有被恶意攻击和泄露的风险。随着各种信息线上注册越来越频繁，用户个人信息泄露导致的骚扰、推销、诈骗屡见不鲜，有的甚至已经形成相当完整、让人难以防备的产业链，电信反诈受到前所未有的重视，形势越来越严峻。出于对个人信息安全的考虑，部分消费者使用数字化服务的积极性并不是很高，即使使用也对注册信息相当谨慎，虚构一些信息也会成为选项之一，这就导致依靠大数据带来的精准服务效率有所下降。从企业的角度看，在上云使用数字化服务的过程中，要关注的数据安全问题则更加敏感。企业数据往往包含了商业机密、客户信息、财务数据等各种核心数据，对安全性和保密性有更高的要求。如果这些数据不慎泄露，不仅会影响企业正常的生产运营，还会带来难以估量的经济损失。大企业在核心数字技术、数据安全保障方面具有转型优势，但对于更多中小企业，他们往往迫于成本压力，只能选择通用型的解决方案，难以满足个性化的数字化转型需求。数据安全管理体制机制不健全、技术手段不完善，成为很多企业在推动数字化转型升级道路上的绊脚石。

三 支持数字化转型任重道远，还需多方发力久久为功

发展现代服务业是加快构建现代化产业体系的重要手段，我们要牢牢把握科技革命和产业变革机遇，深入推进服务业数字化，加快推动中国经济转型升级。

推进服务业全行业数字化发展进程。当前中国人口老龄化加速，未来劳动力供给势必出现下降趋势，用工成本逐渐升高，而数字化则是弥补这一不利因素、支撑经济持续增长的有效手段。服务业数字化发展势不可挡，应顺应这一经济社会发展趋

势，借助数字经济发展契机，主动加快推动服务业内部各行各业数字化的适度均衡、优质高效发展。具体而言，除了进一步深入拓展金融、信息、酒店、餐饮等服务业数字化领先行业的数字应用发展空间，优化提升教育、医疗等公共服务的数字化供给水平，引导形成行业先进数字化转型经验，带动上下游积极参与数字化转型，更要重点关注物流、环保、养老、托育等，未来发展空间巨大但数字化应用还相对不充分的服务领域，以及文化、旅游等能够丰富人民群众精神生活的服务领域，加快适度超前布局相关数字基础设施，推动行业数字化标准研究，完善行业数字化服务平台建设，支持服务企业不断改进创新商业发展模式，打造更多能够解决现实问题、触手可及的应用场景，充分满足多样化、多层次的服务需求，激发服务供给转型动力，挖掘更多潜力增长点。

利用数字化加速制造业和服务业深度融合发展。在数字技术的加持下，服务模式和生产方式都产生了重大变革，整个产业体系的协作化程度得以提升，传统制造业和服务业的产业联动成为可能，先进制造业和现代服务业的跨界合作会更加深入。加快制造业和服务业深度融合发展，应继续围绕制造业共性服务需求，借助大数据、云计算、人工智能等数字技术的多点突破，创新发展工业设计、信息技术、知识产权、金融服务、供应链服务等现代服务业，持续加深数字技术和现代服务业在制造业生产、组织和运营各环节中的交叉渗透，推动制造业内部技术升级和产业间技术扩散。此外，还要继续加强融合主体培育，充分发挥头部企业的行业带动作用，牵头制定行业数字化转型以及发展服务型制造的系统解决方案，加快形成良好的产业融合转型生态，协同推进技术创新和产业转型升级。对中小企业要加大政策支持力度，加快建设服务中小企业数字化转型的公共服务平台和数字经济创新平台，提供更多定制化、个性化的融合发展模式，引导行业上下游中小企业积极尝试数字化创新探索。

筑牢数据安全保障，为数字化发展保驾护航。数据是数字经济时代推动产业数字化转型升级的关键要素，也是数字化的实现基础。为了充分激发数据要素活力，实现数据资源互联互通，为服务业数字化乃至经济转型升级提供助力，要进一步加快完善数据安全保障体系。目前国内已有《中华人民共和国数据安全法》《中华人民共和国个人信息保护法》等法律法规相继出台，为有效维护网络安全、加强信息安全建设提供了法律保障。在实际应用中，除了严格贯彻实施相关法律法规之外，还要加快发展数据安全支撑技术，完善数据确权、信息保护制度，加强数据开放与保护的标准体系建设，加大数据安全专业人才培养力度等，将数据安全作为一个新兴产业，进行高位谋划、统筹推进。支持高校院所及高新技术企业瞄准数据安全基础共性技术和关键核心技术开展攻关，推动数据安全技术、产品和服务持续完善，筑牢安全"防火墙"。持续加强消费者权益和隐私保护，在发展新型服务的同时要特别注意技术是否可控、数据是否安全和隐私有无泄露风险。在服务工业企业"上云用数赋智"方面，要紧紧围绕数据采集、传输、存储、处理、交换、销毁等全生命周期，建立数据安全有效管控机制，加快形成一批技术先进、安全性高的工业互联网解决方案，在各行业领域进行应用推广，为企业实现数字化生产和运营提供帮助。

（执笔人：顾乃华，暨南大学产业经济研究院研究员；
葛亚莉，暨南大学产业经济研究院研究助理）

服务业：推动经济恢复的主要抓手

对于当前中国经济形势的判断，总结起来是两句话：一句叫"回升向好、长期向好"；另一句是经济复苏"波浪式发展、曲折式前进"。前一句表明，中国经济历时近两年的"需求收缩、供给冲击、预期转弱"三重压力发生了转变，而后一句表明，中国经济还处在恢复的关键期。显然，后一句更被关注，它表明中国经济复苏还存在一些制约因素。但是，从产业层面来看，这个制约因素到底是什么，普遍存在一个"主要是工业企业经营困难"的误判，其依据是2023年前8个月中国规上工业企业利润同比持续两位数下降。其实不然，从三次产业增速来看，2023年前三季度与2019年前三季度相比：农业增长已完全恢复到疫情前（4.0%对比3.2%）；工业增长接近疫情前增速（4.4%对比4.8%），固然还存在一些困难，但其并不是主要困难产业；服务业增长虽然是2023年的经济亮点，但距离疫情前的增速水平还有一定差距（6.0%对比7.3%），一定程度拖累了中国经济恢复。很难想象，服务业作为一个占经济比重高达56%的"第一大产业"，其增长速度距离疫情前还有较大差距，仅凭工业复苏很难推动整体经济增长恢复到疫情前。

一 中国经济运行的三重压力发生变化

近两年导致"需求收缩、供给冲击、预期转弱"三重压力的主导因素有二：一是三年疫情外部冲击和经济活动受限以及全球供应链断裂；二是全球化进入调整期，发达国家纷纷以安全为名，保护主义盛行，加之美国推动"去中国化"，导致国际经济大循环运行模式不可持续。但是，2023年第二季度以来，中国经济运行面临的三重压力已经发生变化。具体来说，导致三重压力的第一个主导因素随着疫情基本结束和经济社会恢复常态化运行之后理当消解，只是对于所谓的疫后"疤痕效应"问题，还需要一段时间来消化。为了有效应对三重压力的第二个主导因素，中国适时对全球化战略做出调整，早在2020年就提出逐步实现从"国际经济大循环"向"以国内大循环为主体、国内国际双循环相互促进"的战略转型。经过几年的努力，中国高质量发展持续推进，产业升级厚积薄发，构建"双循环"新发展格局初见成效。

二 服务业增长受限是当前经济运行面临一些困难的产业成因

围绕增长、需求和就业三个方面，当前经济运行的困难表现可以总结如下。一是潜在经济增长率有所下降，有测度认为较疫情前下降了1个百分点左右。二是中国中低阶层的财富和收入有所下降，导致有效需求不足。其中外部需求不足表现为外资外贸问题，即出口下降和产业转移以及资本外流，内部需求不足表现为房地产市场下行。三是总体失业率下降的同时，相对高学历的青年人失业率有所上升，这可能导致市场创造力和社会活力不足。

针对以上困难，流行四种解释：第一种解释强调周期性问题，认为美国加息周期累积效应继续显现，全球经济复苏动能减弱，国际需求不振导致中国有效需求不足；第二种解释认为是疫情的"疤痕效应"导致，主要指疫情使人们的经济行为发生改变，人们由风险偏好者转向风险规避者，在高负债背景下追求努力活下去的债务最小化而非利润最大化，导致社会活力不足；第三种解释强调外部环境冲击，导致中国出口下降和技术来源出现困难；第四种解释强调中国经济系统出了问题，认为经济困难的原因是老龄化、少子化、户籍人口城镇化率提升困难和全要素生产率过快下降。

以上四种解释中，经济周期论忽视了全球经济复苏分化扩大的事实：当前世界经济处于深度衰退后的复苏期。发达国家大幅收紧货币政策以遏制通胀，加上全球经济碎片化抑制需求增长，从而限制全球复苏的步伐。但各国通胀水平和货币政策收紧步伐的不同使得各国经济增长呈现差异，且分化扩大。其中，美国经济过热，日本正走出长期通缩，欧洲经济处于低迷调整期，印度经济仍然保持较高速度增长，中国经济复苏在曲折中前进。而经济系统论解释，姑且不论其对潜在经济增长率的测算是否准确，其本质属于长期悲观主义论调，不能用于解释短期经济现象。更重要的是，与中国户籍人口城镇化率停滞不前大为不同，对经济发展作用更大的中国常住人口城镇化率已经由2018年的60.2%快速提升到2023年的65.2%。至于疫情的经济行为"疤痕效应"论和外部环境冲击论，理论上虽然都有一定的道理，但前者不能解释2023年中秋节、国庆节假期中国出游数据齐超疫情前的事实（根据文旅部数据，2023年中秋节、国庆节假期8天，国内旅游出行人数为8.26亿人次，按可比口径同比增长71.3%，按可比口径较2019年增长4.1%；实现国内旅游收入7534.3亿元，按可比口径同比增长129.5%，按可比口径较2019年增长1.5%）。因为没有理由认为，疫情的经济行为"疤痕效应"对风险更高的接触性经济活动没有体现，而体现为更加偏好风险更低的储蓄和偿债的经济行为。

也就是说，无论是经济周期性解释、中国经济系统问题解释，还是疫情的经济行为"疤痕效应"解释和外部环境问题论，虽然某种程度来说都有一定道理，但本文认为都是治标不治本的解释，如果要治本，需要调整服务业发展的调控政策。

三 优化政策环境，重振服务业

可喜的是，影响中国经济恢复的一些政策和政策环境正在发生边际改善，典型的是三个变量：其一是影响外资外贸的中美关系正在边际改善；其二是影响内需的房地产生产保交楼竣工有所好转；其三是央行货币政策由跨周期调整回归到逆周期调节，中央政府也开始出台超预期的积极财政政策以对抗私人和企业的资产负债表修复行为，并且随着美国正进入停止加息的新的政策周期，中国和国际宏观政策将重新回到同频共振的轨道，从而中国政策与国际不同步的问题将得以化解。当然，中国的服务业政策也在纠偏，比如2023年7月出台了平台经济高质量发展的政策文件，旗帜鲜明地提出做大做强平台经济。再如，影响国际出行的出入境健康申报政策也在11月1日被取消。因此，笔者预期2024年的经济形势会有所好转，但总体上，尚面临一些问题仍然需要进一步改善。因此，本文有如下建议。

第一，重视发展服务业，将重振服务业作为促进青年人就业、稳增长和提升社会创造力的重要抓手。特别要纠正两种对服务业发展持有负面认知的认识论。一种认识论认为，大力发展服务业导致中国经济脱实向虚，这种对服务业的认知停留在斯密时代，是一种认为服务业是非生产性部门的落后观点。更重要的是，虚拟经济和实体经济的良性互动，要求虚拟经济具有一定的规模，比如保持和实体经济一定的比例关系。而考察中国虚拟经济和实体经济的发展不难发现，当前中国以资本市场为代表的虚拟经济恰恰不是发展过度，而是发展不足。另一种认识论认为，经济服务化是中国自2010年以来发生结构性减速的产业成因，这是一种抱守20世纪60年代、70年代鲍莫尔对服务业"成本病"的研究不放的教条，忽视了服务业的技术性质实际上并非一成不变，随着现代科技的进步和生产性服务业的发展，经济服务化过程中制造业与服务业的生产率差距趋于收敛的事实。

第二，加快推进服务业数字化转型，解决服务业增长效率顾虑和安全问题。一方面，重振服务业将加快推进中国进入服务经济社会，但中国进入服务经济阶段的产业结构转型，可能伴随着产业升级，也可能没有伴随着产业升级。如果是后一种，就是转型了却没有升级，会损害经济效率，拖累经济增长，导致中国不能有效跨越所谓的"中等收入陷阱"。而推动服务业数字化、智能化、网络化发展，是数字时代提升服务业效率、降低服务业成本、推进中国进入服务经济社会开展减速治理的主要路径。另一方面，现代社会，国家经济安全的主要领域在服务业，而通过服务业数字化转型，增加服务业可视化、透明度和可预测性，有利于防范中国经济社会发展的"灰犀牛"和"黑天鹅"风险，因而是统筹服务业发展与安全的必由之路。

第三，赋予共同富裕新内涵。如何理解"共同"，是定义共同富裕并顺次制定共同富裕政策的关键。所谓"共同"，可以理解为"都"，也可以理解为"同等"。但两者的政策取向迥异：将"共同"理解为"都"，政策的着力点是"恩格尔系数"，政策取向是从生产端推进相对落后地区经济发展和相对贫穷的人致富；而如果将"共同"理解为"同等"，政策的着力点是"基尼系数"，政策取向是从分配端削峰填谷消除两极分化。本文认为，共同富裕应该是一起富裕，都富裕，而不是一样富裕、同等富裕，要降低从分配端促进共同富裕的声调，改为从生产端促进共同富裕。

（执笔人：张月友，长江产业经济研究院
（南京大学）研究员）

服务业数字化的网络效应分析

数字化转型并不是简单地抛弃工业化和服务化,而是将它们的元素进一步集成和创新。网络效应是服务业数字化的重要特征。正因为如此,我们通常使用的服务业占比与服务业生产率指标并不能完全反映服务业在国民经济中的作用与效率。本文拟从理论与实证两方面对这一问题进行探讨。

一 理论分析

数字技术和数字元素已经渗透到人类社会生产和生活的方方面面,在空间层面上已经扩展到全球每个角落。数字化转型,无疑是经济社会发展的最大特征。

一方面,数字化转型涉及数字服务的内容,与服务业密切相关,而且这本身既是数字经济的组成部分,也是服务业的组成部分。服务业的生产率一直是一个有争议的问题。鲍莫尔(William J. Baumol)最早提出关于服务业生产率增长滞后的理论观点。[1] 他通过构造一个简单的两部门非均衡增长模型,证明

---

[1] William. J. Baumol, "Macroeconomics of Unbalanced Growth: The Anatomy of Urban Crisis", *American Economic Review*, Vol. 57, No. 3, 1967, pp. 415 – 426.

服务行业（即所谓的"停滞部门"，Stagnant Sector）生产率增长落后于制造行业（即"进步部门"，Progressive Sector）。在生产率增长非均衡的经济中，由于名义工资的同水平增加，则停滞部门即服务行业的成本（主要是工资成本）将不可避免地不断累积、无限上升。其结果是，如果该停滞部门的需求价格弹性（绝对值）较小，则对其产品即服务的消费的成本会越来越大，即出现所谓的"成本病"（Cost Disease）现象。

另一方面，数字化转型涉及计算机制造的内容。Robert Gordon 指出，大约 99% 的生产率增长是在计算机制造部门，而不是在计算机应用部门实现的，但这些计算机应用部门占据了国民经济的较大比重。[1] 这种现象被称为"生产率悖论"或"索落悖论"（Solow Paradox）。Paul David 认为，"生产率悖论"的存在是因为计算机应用部门生产率的表现存在很长时期的滞后，而且计算机的应用还会使现有部分资本变得过时。[2]

无论是"成本病"还是"生产率悖论"，都关乎如何客观评估服务业及其数字化的经济效应。实际上，随着经济的发展，市场容量不断扩大，分工与专业化逐渐深化和细化。在这一发展趋势下，经济效率越来越取决于在不同生产活动之间建立起来的相互联系，而不仅仅取决于生产活动本身的生产率状况。[3] 这一现象被杨小凯称为"分工经济的网络效应"[4]。Ronald Shelp

---

[1] Robert Gordon, "Has the New Economy Rendered the Productivity Slowdown Obsolete?", *Mimeo*, Northwestern University, 1999.

[2] Paul David, "The Dynamo and the Computer: An Historical Perspective on the Modern Productivity Paradox", *American Economic Review*, Vol. 80, No. 2, 1990, pp. 355–361.

[3] "United Nations Conference on Trade and Development Secretariat", 1984, Services and the Development Process (No. T/B1008), Geneva: UNCTAD；程大中：《中国生产性服务业发展与开放：理论、实证与战略》，复旦大学出版社 2020 年版。

[4] 杨小凯：《经济学原理》，中国社会科学出版社 1998 年版。

也指出，农业、采掘业和制造业是经济发展的砖块（bricks），而服务业则是把它们黏合起来的灰泥（mortar）。① Dorothy Riddle 还认为，服务业是促进其他部门增长的过程产业，是经济的黏合剂（glue），是便于一切经济交易的产业，是刺激商品生产的推动力。②

综合以上讨论，笔者认为，服务业及其数字化的网络效应可能比服务业本身的生产率或效率更为重要。

二 经验分析

为了检验前文的理论分析，我们分两步进行讨论：其一，将服务业占比指标与网络中心度指标进行比较；其二，估算数字信息行业技术进步对生产网络与经济增长的影响。

（一）服务业在生产网络中的中心度

本文以《2017年全国投入产出表》为例，在149个行业中，前30个行业占GDP的比重之和超过73%（见图1）。属于服务业的"公共管理和社会组织"排第三位，占5.4%。

如果以出度中心度（Outdegree Centrality）衡量，批发（行业代码s105）、零售（行业代码s106）、货物运输和运输辅助活动（行业代码s110）、货币金融和其他金融服务（行业代码s126）、商务服务（行业代码s131），这五个服务业部门是中国生产网络中中心度最高的部门（见图2）。由于出度中心度可以

---

① Ronald Shelp, *The Role of Service Technology in Development*, in Service Industries and Economic Development: Case Studies in Technology Transfer, NY: Praeger Publishers, 1984.

② Dorothy Riddle, *Service-led Growth: The Role of the Service Sector in the World Development*, Praeger Publishers, 1986.

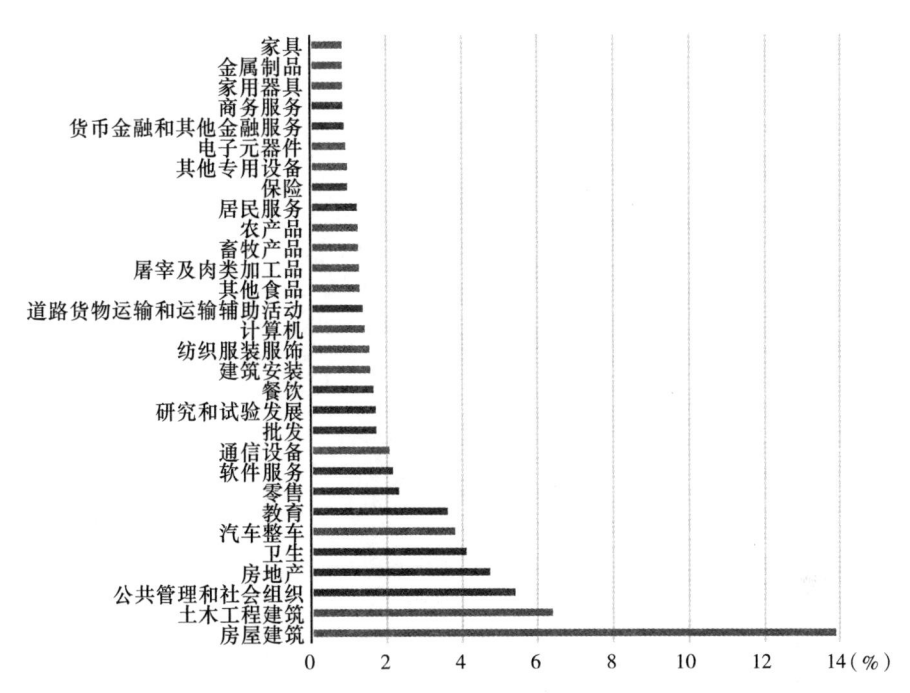

图1 基于《2017年全国投入产出表》的前30个行业占GDP的比重

反映作为特定节点行业对其他行业的外向（outgoing）影响力，因而可以度量特定节点行业的网络效应。这五大服务行业所具有的较强网络效应，也跟前文的理论分析以及现实的直觉相符合。

（二）数字信息行业技术进步对生产网络与经济增长的影响

服务业数字化与数字信息行业的技术进步密不可分，而数字信息行业主要包括数字信息制造行业与数字信息服务行业。为了检验服务业及其数字化的网络效应，我们重点观察这两大类行业的全要素生产率（TFP）的变化对生产网络与经济增长的影响。

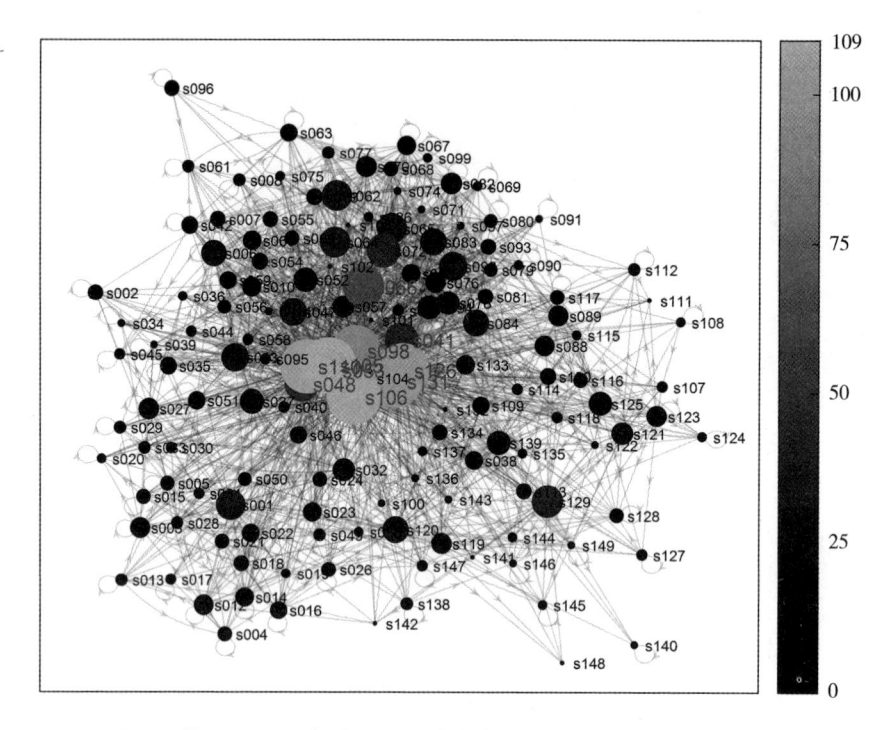

图 2 基于《2017 年全国投入产出表》的 149 个行业的生产网络

注：该图基于出口中心度进行计算，图中的圆点越大则中心度越大。圆点旁边的标记为行业代码。因篇幅所限，具体行业及其对应代码没有列出，详细资料备索。

1. 数据处理

本文主要使用《2017 年全国投入产出表》，包括 149 个行业的数据。其中，数字信息制造行业主要包括计算机（行业代码 s88）、通信设备（行业代码 s89）、广播电视设备和雷达及配套设备（行业代码 s90）、视听设备（行业代码 s91）、电子元器件（行业代码 s92）、其他电子设备（行业代码 s93）等，合计占 GDP 的比重为 5.26%。数字信息服务行业主要包括电信（行业代码 s121）、广播电视的及卫星传输服务（行业代码 s122）、互联网和相关服务（行业代码 s123）、软件服务（行业代码 s124）、信息技术服务（行业代码 s125）等，合计占 GDP 的比重为 3.11%。

首先计算投入—产出系数 a_{ij}，即等于行业 j 的中间投入中来自行业 i 的部分占行业 j 的总投入的比重，并由此构建投入—产出系数矩阵。

其次计算每个行业的"加成"（markup）。本文使用利润份额（π）倒推出"加成"（用 μ 表示），即 $\mu = \frac{\varepsilon}{\varepsilon - 1} = \frac{1}{1 - \pi}$，其中替代弹性 $\varepsilon = \frac{1}{\pi}$，π 为营业盈余（Operating Surplus）占总投入的比重。[①]

最后构建行业水平的消费支出份额向量与增加值向量。消费支出份额等于最终使用量除以 GDP，再乘以 100%。

2. 模拟结果

本文分别考察 149 个行业的细分经济（Disaggregate Economy）与 41 个行业的加总经济（Aggregate Economy）两种情形，这样做的目的是观察生产网络的广延边际（Extensive Margin）变化及其影响。

首先分析数字信息服务行业 TFP 变化的影响。现假定数字信息服务行业的 TFP 增长 1%，由此产生的对细分经济的影响是生产网络新增加 20 条边（edge），即意味着均衡生产网络发生较大变化。同时，实际 GDP 上升 1.74%，其中的 0.66% 是数字信息服务行业的增加值上升部分、1.08% 是由数字信息服务行业引发的其他行业的增加值上升部分（见图 3）。

---

① 本文按照 David R. Baqaee 的方法计算出"加成"，然后将"加成"减去 1 再乘以 100，就得到最终模拟运算需要的指标。具体方法可以参见 David R. Baqaee, "Cascading Failures in Production Networks", *Econometrica*, Vol. 86, No. 5, 2018; Daron Acemoglu, Pablo D. Azar, "Endogenous Production Networks", *Econometrica*, Vol. 88, No. 1, 2020。

```
┌─────────────────┐                    ┌──────────────┐
│ 数字信息服务行业 │                    │ 生产网络新增  │
│ (电信、广播电视及卫│                  │ 20条边       │
│ 星传输服务、互联网和│  TFP增长1%        └──────────────┘───┐
│ 相关服务、软件服务、│──────────→                           ├─ 0.66%是数字信息服务
│ 信息技术服务,合计占│                                       │  行业的增加值上升
│ GDP的比重为3.11%)│                    ┌──────────────┐   │
│                 │                    │ 实际GDP      │───┤
└─────────────────┘                    │ 上升1.74%    │   ├─ 1.08%是其他行业的
                                        └──────────────┘   │  增加值上升(由数字
                                                           │  信息服务行业引发的)
```

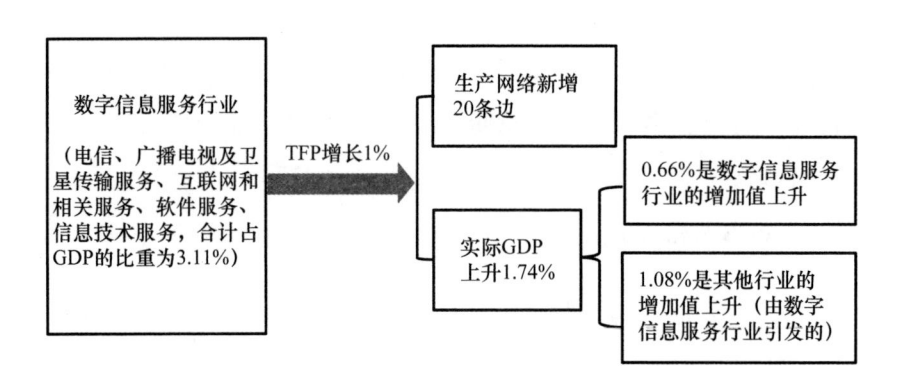

图3 数字信息服务行业技术进步对生产网络与经济增长的影响

在加总经济情形下,本文分别采用柯布—道格拉斯(C-D)生产函数与不变替代弹性(CES)生产函数,并基于41个2分位行业,重复细分经济情形下的操作。这时就不再有生产网络的广延边际变化。在C-D生产技术下,投入—产出矩阵保持不变;而在CES生产技术下,投入—产出矩阵的元素会随着价格变化而变化,但没有新的链接(link)出现。这时,如果数字信息服务行业的TFP上升1%,则导致GDP分别上升0.69%(C-D技术下)、0.13%(CES技术下,替代弹性 $\sigma=2$)。

由于存在"加成",因此对于加总经济(投入—产出矩阵没有广延边际变化)而言,特定部门生产率变化的影响要小于Hulten定理(针对没有扭曲的经济)隐含的幅度。[①] 本文的数据显示,数字信息服务行业的Domar权重(等于行业的销售值占GDP的比重)为13.67%。所以,根据Hulten定理,在没有扭曲的情况下,1%的TFP增长应该导致GDP增长0.1367%(约等于1%×13.67%),相当于CES技术下(替代弹性 $\sigma=2$)的

---

① 关于Hulten定理的讨论,可参见 Charles R. Hulten, "Growth Accounting with Intermediate Inputs", *Review of Economic Studies*, Vol. 45, No. 3, 1978, pp. 511 – 518。

GDP 增长幅度 0.13%。这表明，在生产网络内生演进情况下的冲击效应，一般无法在没有内生网络演进的加总经济中复制。因此，考虑生产网络的变化是非常重要的。

其次观察数字信息制造行业 TFP 变化的影响。同样地，数字信息制造行业的生产率上升会使其更有可能成为其他行业的中间投入。现假定该行业的 TFP 增长 1%，由此产生的对细分经济的影响是生产网络新出现 32 条边、实际 GDP 上升 2.32%。在 GDP 的这一上升幅度中，数字信息制造行业的增加值上升幅度为 0.044%，由数字信息制造行业引发的其他行业的增加值上升幅度为 2.276%（见图 4）。

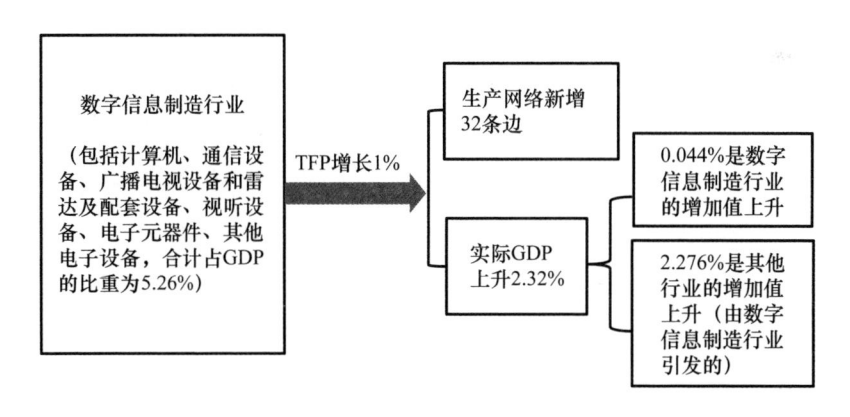

图 4 数字信息制造行业技术进步对生产网络与经济增长的影响

最后观察加总经济情形，该情形下的生产网络没有广延边际的变化。这时，数字信息制造行业的 TFP 上升 1%，导致 GDP 分别上升 0.35%（在 C-D 生产技术下）、0.394%（在 CES 生产技术下，替代弹性 $\sigma = 2$）、0.203%（在 CES 生产技术下，替代弹性 $\sigma = 1/2$）；替代弹性（σ）较大的，则增长率较高。同样地，由于加总经济的生产网络没有广延边际变化，因此特定部门生产率变化的影响要小于 Hulten 定理隐含的幅度。这里，数字信息制造行业的 Domar 权重为 22.02%，所以根据 Hulten 定理，在没有扭曲的情况下，1% 的 TFP 增长应该导致 GDP 增长 0.22%（≈1%×22.02%），相当于 CES 技术下（替代弹性 $\sigma = 1/2$）的 GDP 增长幅度 0.203%。

三 结论与启示

就服务业而言，由于其本身的难以测度性以及数字化赋能，其网络效应的评估尤显重要。如果不考虑网络效应，就会大大低估服务业及其数字化对整体经济产生的影响。本文的实证分析表明，如果数字信息服务行业与数字信息制造行业的 TFP 分别增长 1%，则生产网络将分别新增 20 条边和 32 条边、实际 GDP 将分别上升 1.74% 和 2.32%。但在生产网络没有发生广延边际变化的情况下，实际 GDP 的增长将会低很多。

本文的研究具有较强的政策启示意义。其一，要用"经济网络"思维去理解数字经济与服务业创新发展，这一思维模式也是一般均衡方法，也就是要把服务业数字化放到整体经济与科技创新发展的大背景下，而不是孤立地加以对待。其二，应以开放包容的态度顺应全球服务业数字化发展的大趋势。网络效应不应该局限于一国之内，而应该辐射全球，只有这样才能做大做强国内的数字化服务业企业。人为地对服务业数字化与服务业开放加以过度限制，不仅会损害自身的整体经济，还会招致其他经济体的反制与报复，并经由全球经济网络进一步加重自身伤害。

（执笔人：程大中，复旦大学世界经济系副主任、教授）

优化数字营商环境
助力服务业提质升级

"水深则鱼悦,城强则贾兴。"营商环境的优劣已经成为当前衡量一个地区经济社会发展软实力的象征,直接影响到经济发展的质量和效率。随着经济形态和企业组织方式、居民消费方式的不断变化,营商环境的建设内容也在与时俱进。以往,优化营商环境主要聚焦于工商注册环节,全国各地在"开办企业成本、程序和时间"指标改善上取得了显著成效。经过长时间的实践发展和制度体系建设,在线下监管方面,中国已经形成了相对成熟的法律法规、管理体制和工作机制。随之出现的新问题就是,进一步将营商环境建设从线下市场延伸覆盖到线上市场。但传统线下监管方式并不完全适用于线上,故不能简单地把传统的制度体系和工作方法照搬到线上。服务业数字化进程中涌现了大量新业态、新模式,与传统服务业的发展迥然不同,这就需要针对性优化服务业数字化的营商环境。这恰是本文研究的主要问题。

一 服务业对良好营商环境的依赖度更高

市场主体对营商环境具有天然的依赖度,良好的营商环境是经济健康有序发展的保障，也是维护企业家信心、刺激消费需求、拉动投资增长的基础所在。一方面，良好的营商环境可以有效降低交易费用，从而有助于拉动居民消费。交易费用也被称为交易成本，所指的是在完成交易前后，交易双方在运用市场价格机制时所产生的成本。对于居民部门而言，消费前所付出的信息搜寻成本、消费中所付出的价格协商成本以及在完成交易之后所付出的事后监督成本，都可以因为营商环境的改善而得到有效节约。以浙江宁波为例，宁波市在强化营商环境的司法服务保障方面走在全国先列，其首创了"局、队联合办案"机制，进一步强化对重点领域、新兴产业以及关键生产技术知识产权的司法领域保障力度。同时，宁波进一步为行政裁决案件创新性地开辟了快速通道，在办案时间上最多可以实现29个工作日的节约，在20个工作日内，就可以完成专利侵权案件的行政裁决，大大完善了营商环境的法治化建设进程。另一方面，良好的营商环境可以激发企业改善投资结构，从而带动产业结构转型升级。宽松的监管环境、完善的新兴技术以及知识产权保障制度可以大大刺激生产者信心，为打造更为良性、健康的市场竞争环境以及创新环境提供强制性的制度保障，会进一步节约生产者所付出的交易成本，从而刺激投资新业态、新模式等不确定性较强的领域，推动产业结构升级。此外，优化营商环境还可以通过有效发挥规模效应优势，从而拉动居民消费结构和企业投资结构升级。有研究发现，通过优化营商环境，可以提升该地区对优质商贸企业的发展吸引力，有利于缔造更有利于商贸企业生存与经营的商业环境，对居民就业、收入水平和消费的拉动作用比较显著。[1]

---

[1] 张勋等：《数字经济、普惠金融与包容性增长》，《经济研究》2019年第8期。

在营商环境总体改善的同时,服务业发展环境仍面临一些制约因素,亟待在体制机制上做出突破。特别是,服务业经营内容标准化欠缺,质量难以界定。服务消费的产品一般是不可以从实体上被感知到的,即便是同一种服务由同一个人提供,也会因为接受服务的个体的不同而回馈不同的服务感受。并且同一个人在不同的场合、时间以及约束条件下,所提供的服务水准也可能有所差异。消费者对服务质量的评价也并不是完全由服务结果决定的。譬如月嫂、育儿嫂、老人护理、残疾人护理等家政服务,买方市场与卖方市场之间的信息不对称性较大,不同的行为习惯、传统差异、知识认知以及个性化需求,都会引起对服务质量感知的差异。这类服务消费市场也是最容易引发买卖双方纠纷的市场之一,而相对完善的营商环境则会为事前识别、交易过程以及纠纷化解等提供保障。譬如通过线上平台所建立起的强制性规范,可以确保交易双方的效率以及合规性,并可以在产生交易矛盾时有效化解冲突、减少福利净损失,也可以确保对服务供给方的资格审查力度、在签订劳动合同时的完善程度。

二 数字化进程中同步优化营商环境,推动服务业提质升级

当前,服务业数字化进程领先于工业和农业,取得显著成效,但也未能较好地解决服务业营商环境的老问题(如标准化低),并因数字化而引入了一些新问题(如直播价格监管和未成年打赏等)。这就需要同步推进营商环境数字化建设,通过数字营商环境来解决新旧问题。有研究发现,打造良好的数字营商

环境还可以避免消费者落入数字化需求陷阱。① 具体来看，有如下四个方面的体现。

第一，数字化平台所推行的经营评分体系可以有效规范服务质量。服务消费的数字化特征日益加速，居民在进行服务消费支出时往往更依赖线上平台。众多服务类别中有一些必须通过线下门店完成消费过程，诸如餐饮服务等场所相对固定，线上平台的评分机制可以帮助消费者更为直观地认识到商家所提供的服务质量，以节约交易的事前成本。由于提供服务消费的商家往往都面临着经营场所不固定、虚拟资产无抵押等问题，中介服务、文化娱乐服务等往往比一般性消费更依赖消费声誉，相对完善的数字营商环境则可以为消费者提供更为全面的制度层面的保障，增加商家违约成本，节约交易的事中与事后成本。

第二，数字生态中的平台竞争会打造出促进服务消费提升的良性机制。比如，第三方平台本身并不承担产品的生产，却可以成为促成多方供求关系的"加速器"与"孵化床"。各类平台之间的竞争有利于商家寻找到更具吸引力的营商环境，譬如近年来几大打车平台之间的竞争（滴滴打车、高德打车、曹操专车等），通过不同的业态模式为消费者提供了更大更广的选择权以及节约交易成本的空间，但是规范平台之间的良性竞争机制，则需要对数字营商环境提出更高的要求。而平台内部的竞争会放大声誉价值在经营中的重要程度，有利于消费者节约事前交易成本。

第三，数字营商环境下智能技术的高度应用，会进一步优化服务质量。数字信息化技术为服务消费领域带来了高度智能

---

① 黄少安：《谨防数字化经济陷阱》，《东北财经大学学报》2023年第5期。

化机遇，智能技术的进一步普及与应用也为服务消费的供求双方拓展出了效率提升的空间，产业数智化也会进一步带动家庭消费升级。Warut Khern-Am-Nuai 等分析比较了人工智能与人类对点评平台上的商家封面图片的不同选择所产生的经济效果，其研究认为，相对于人类自身选择，人工智能系统所选择的商家封面图片对于经营而言更加有利，平均可以拓展 12.34%—16.05% 的用户参与度。[①] 在当前的数字营商环境之下，商家所提供服务的宣传推销、定价、人员派遣、物流快递、研发等部分功能由第三方平台承担，这些环节往往在平台上的成本更低或效率更高。对于消费者而言，大数据算法下的服务消费的推荐会节约消费选择的时间和成本，人工智能的应用也会进一步提升消费需求与服务供给之间对接的精准程度，这对于双边市场而言都是一种效率优化。

第四，数字营商环境会大大提升营商环境的透明度。数字营商环境可以突破时空限制，优化政府办事效率，实现对市场主体的精准治理以及推动营商环境进一步优化升级。数字营商环境带来的透明度提升可以直接优化营商环境绩效，譬如政府部门可以通过建立起政务服务平台以及网站提供在线服务，第一时间发布政务信息、主动对市场主体进行回应。对于多数跨国公司而言，决策者往往将契约密集度更高的生产环节投放于营商环境更优化、政务环境更透明化、市场环境更具效率的国家和地区，而服务消费相对于实物消费契约密集度更高，对营商环境透明度的依赖性也会更高。构建良好的营商环境离不开

[①] Warut Khern-Am-Nuai et al., "Electing Cover Images for Restaurant Reviews: AI vs. Wisdom of the Crowd", *Manufacturing & Service Operations Management*, 2023.

优质的政务环境，各类新兴数字技术在政务服务中的应用可以有效破除部门之间、市场主体之间、地区之间的信息壁垒，从而节约制度性交易成本、压缩权力寻租空间，实现有效优化营商环境。

三 政策建议

本文的研究具有较强的现实意义和政策启示。第一，营造有利于服务业发展的良好制度环境。只有拥有了良好的制度环境，服务业发展中的不确定性风险才可以得到控制和管理。一是完善中国相关政策法规。当前，中国相关的政策法规还有一些不足。比如，服务行业的开放程度还不够高，一些领域存在垄断行为；服务行业管理与治理的措施比较粗糙，政策落实不到位等。二是按照"非禁即准"原则，加快服务业市场开放。全面实施市场准入负面清单制度，凡是法律、行政法规没有明令禁止的市场主体，均可以逐步向社会开放，鼓励并引导社会资本参与发展服务业，以服务业市场的开放推动服务消费升级，并鼓励满足多元化、个性化服务需求的新业态发展，打造一批具有国际影响力的消费载体，树立服务消费新标杆。

第二，数字化赋能营商环境法治化。在数字经济时代，以大数据、"互联网+"、人工智能等数字技术为依托的数字消费占比大幅度上升，但是中国服务业企业的数字意识及数字化基础仍然薄弱。因此，应加快出台数据产权保护、交易流通等方面的法律法规，消除市场壁垒，打击不正当竞争行为。一是加强智慧法院的作用。全面加强智慧法院建设和互联网司法工作，优化司法诉讼模式，建立网上办理、全流程依法公开、全方位智能服务机制，实现开放、动态、透明的司法服务。二是要健全数字治理的法律体系、提升数字化服务的法制水平。加快出台数据产权保护、流通交易等方面的相关规则制度，推动数据资源有序流通、创新应用。对于数字平台和数字企业，要完善促进其公平竞争的法律法规，消除垄断和市场壁垒，打击不正当竞争行为。要通过完善法律法规和政策制度体系，保护网络安全、数据安全、公民个人隐私安全，提高数字化发展的安全水平。三是加强数字化监管水平。强化智慧监管，依托网络交易监管平台，建立网络经营主体信用库，开展信用分级分类监管，根据信用等级调整检查频次，运用技术手段常态化开展网络交易监测。

第三，优化数字营商环境，促进服务消费升级。进一步强化数字营商环境在拉动居民消费增长、恢复消费信心方面的重要作用，尤其是对于服务消费的促进作用。强化营商环境对服务消费特定场景的保障作用，譬如对网上信贷、大额交易等涉及重要资金流动的交易过程的安全性的保障，以及对涉及特定消费行为（如会员预付以及充值）的交易规范性的引导。对于一些契约密集度相对更高的服务消费行为（如中介服务等），要逐渐深化法治化营商环境的影响力度以及渗透度，促进信息透明化，节约交易的事前选择成本，增加违约成本，维护供求双方的合法权益以及市场秩序，并进一步健全规则体系、提高交易效率，增进整体福利水平，促进消费升级。

（执笔人：刘诚，中国社会科学院财经战略研究院副研究员）

理 论 篇

服务业数字化：突破"鲍莫尔病"的关键

数字技术正在深刻改造生产函数并创造新业态，在克服"鲍莫尔病"和"数字鸿沟"以及实现包容性增长上发挥了重要作用。数字经济和"鲍莫尔病"正在成为大家关注并热烈讨论的焦点。因此，总结服务业数字化和"鲍莫尔病"的特点，据此分析服务业数字化突破"鲍莫尔病"的路径具有重要意义。

一 "鲍莫尔病"与服务业数字化

鲍莫尔（William J. Baumol）提出了一个两部门非均衡增长模型，即一个部门是劳动生产率增长较快的"进步部门"，另一个部门是劳动生产率相对较低的"停滞部门"。劳动力可以在两部门间自由流动，"停滞部门"劳动力收入要保持与"进步部门"同比例增长，就需要产出价格的同步上涨。为维持均衡的经济增长，劳动力将不断转移到"停滞部门"，从而使得"停滞部门"在整个经济中的占比不断上升，最终导致经济增长停滞，这种现象被称为"鲍莫尔病"。①

一般认为，制造业为生产率高的"进步部门"，服务业为生产率低的"停滞部门"。"鲍莫尔病"在发达国家和发展中国家都普遍存在。1978—2021年，中国服务业的劳动生产率一直低于制造业的劳动生产率；2021年所有职工的平均工资为10.68万元，制造业的所有职工的平均工资为9.25万元，服务业中的交通运输仓储和邮电通信业、批发零售贸易和餐饮业、金融保险业、教育和科学研究等行业的所有职工的平均工资都高于平均水平；同时，服务业占比自2013年超过制造业后逐年增加，而中国经济增长率呈现逐渐下降的趋势。从中可以看出，"鲍莫尔病"的"症结"主要表现在三个方面，分别是服务业生产率低于制造业生产率、服务业的工资水平和制造业同步造成生产成本不断上升，以及劳动力向服务业转移，导致服务业在国民经济中的比重提升，从而使得经济增长出现结构性减速。

服务业数字化是产业数字化的一种形态，即通过信息技术与服务业的广泛深度融合，促进服务业的业务形态变革和产业结构调整。由于服务业的无形性、难以复制等特点，制造业和服务业的技术经济特征具有显著区别。② 服务业数字化有以下三个方面的特点：第一，数字化变革从服务业中的通信技术和软件服务始发，然后扩散到其他行业，呈现出从第三产业到第二产业的逆向渗透，因此具有先天优势；第二，数字要素作为一种新的生产要素，具有非竞争性、边际生产成本为零等特点，

---

① William J. Baumol, "Macroeconomics of Unbalanced Growth: The Anatomy of Urban Crisis", *The American Economic Review*, Vol. 57, No. 3, 1967, pp. 415–426.
② 李晓华：《数字技术与服务业"成本病"的克服》，《财经问题研究》2022年第11期。

能够改变服务业无形性、产销同步性和不可储存性等特点，为服务业规模化提供可能；第三，服务业可以分为生产性服务业和生活性服务业，两者的劳动率水平存在差异，数字化改造的重点和未来发展趋势也具有差异性，且生产性服务业与制造业的互动性较强，为数字化发展模糊两者边界提供了可能。

二 服务业数字化突破"鲍莫尔病"的三条路径

针对"鲍莫尔病"的三个症结以及服务业数字化的特征，产业数字化可以从以下路径突破"鲍莫尔病"。

一是增量提质——提高"停滞部门"的生产率。服务业数字化有利于提高服务业劳动生产率。

其一，数字技术在服务业的渗透能够带来规模经济，也就是"增量"效应。这又有三方面的表现，第一，数字技术的复制、储存和传播的能力赋予服务业产销分离的新特点，延长了服务业的价值链长度，提升了服务产品的使用率。比如，尽管艺术表演在经过多年发展后，无法通过精简人员提高劳动生产率，但其以电子形式的储存和传播使消费与其他使用的人员和范围更加广泛，利用程度也大大提升。数字化打破了时间和空间的限制，让人与人的交流变得容易，洽谈、签约活动可以省去舟车劳顿，直接借助远程视频会议进行，这就减少了劳动时间，大大增加了单位时间的工作量。第二，数字技术的使用能够批量化、自动化提供服务产品。比如，银行或者公共服务的电子化辅助设施能够帮助工作人员进行相关审批服务，以及部分数字审核工作中，使用自动识别技术实现无差别、标准化的核对。这些工具的使用减少了劳动力的需求量。第三，服务业数字化聚合交易流量。对于商家而言,数字化给了细分领域商家展示的舞台,丰富了宣传推广的渠道,提高了中小企业的活跃度;同样地,对于消费者而言,服务业集聚推动产业结构调整升级,从而刺激消费水平的提升,产品的细分将大量"少部分"消费者聚集成"长尾"。

其二,服务业数字化尤其是平台经济能够打破信息不对称,提高资源使用率,也就是"提质"效应。服务业平台化包括"天生平台化"和"后天平台化",前者包括滴滴出行、美团等本身采用平台模式的服务业企业,后者为传统的非平台企业进行平台化转型。[①] 服务业平台化的"提质"效应表现在以下三个方面。第一,平台化有助于匹配供需两方需求,从而精简流程、提高周转速度,提高生产率。第二,由于平台经济能够聚集大批量的大型、中型、小型企业,在带来规模效应的同时,还带来技术溢出效应和学习效应。新技术在供应链上传播应用,能够提升整体的技术水平,从而提高劳动生产率。第三,平台化能够提升服务企业的韧性,增强抗风险能力。[②]

二是劳动替代——控制"停滞部门"不必要的成本。服务业数字化通过精简不必要的环节降低生产成本和交易成本,同时还有助于控制由于很难引入生产工具代替人工而造成的劳动成本过高问题,体现在减少人员工资总量以及人员管理费用等方面。数字化能够对服务业产生两种类型的劳动替代。一种是对机械性、重复性工种的替代。比如,景点的播音讲解、Chat-

---

[①] 郭克莎、杨佩龙:《制造业与服务业数字化改造的不同模式》,《经济科学》2023年第4期。

[②] 李勇坚:《"中国式服务业数字化":基本框架与政策含义》,《贵州社会科学》2023年第7期。

GPT等人工智能提供的包括翻译、会议记录、书稿创作等方面的工作职责。另一种是对能够自动化、自助化进行的工种的劳动替代。比如，医院的自助挂号、缴费系统，尽管现场有工作人员进行指导和帮助，但基本模式是一人"管理"一个自助区的5—6台机器。这些劳动替代直接减少了服务企业的劳动成本支出，并且工作人员的减少，使得企业组织架构扁平化，决策更加科学迅速，降低了管理成本。

服务业成本较高还表现在税费负担下降幅度不明显、生产要素成本偏高以及营商环境方面的无形制度性交易成本。[①] 数字化在这些方面也有降低成本的作用。比如，针对较高的土地要素获取成本，远程智能化可以让服务业企业选用较偏远场所，也能实现"虚拟化集聚"，甚至可以实现无场所化、无耗材化办公；同时，数字治理本身就是政府公共服务数字化的表现，信息透明化、办事流程线上化本身就有利于优化营商环境，让根植于垄断行政资源强制收费的中介服务没有生存的土壤。

三是两业融合——扩大"进步部门"比例。服务业数字化有利于服务业、制造业融合，从而扩大高生产率"进步部门"的比例。

本文将"两业融合"分为两部分：一部分是服务业对制造业提供中间投入，即制造业服务化，也表现为服务型制造业；另一部分是制造业为服务业提供物质基础，也可称为服务衍生制造，从品牌、销售等靠近消费者的一端出发，通过委托制造、品牌授权等方式向制造环节延伸。服务业数字化能够促进两业

---

① 夏杰长、肖宇、欧浦玲：《服务业"降成本"的问题与对策建议》，《企业经济》2019年第1期。

融合的原因在于，其一，数字化使得服务业分工更加精准、细分，为传统制造业升级成服务型制造业提供可能。比如，纺织、家居定制等传统制造业利用AI建模实现线上试衣和三维实体效果图，直接了解不同客户群的需求以实现个性化定制。其二，数字化能够延伸服务业产业链上下游环节，大数据挖掘并分析消费者行为又"反哺"制造环节，使得外围的营销与售后服务环节反向渗透到内部研发、设计与生产环节，进一步提高了制造业对生产性服务的需求，模糊两者边界。比如直播、"网红"经济等让个人或者品牌成为流量，将流量引入制造部门实施生产活动。"两业融合"不仅有助于激活传统制造业，赋能高技术制造业，从而扩大原有"进步部门"制造业的占比，还有助于提高服务业尤其是生产性服务业的生产率，将其转化为"进步部门"。

三 对中国的产业政策的启示

一是要积极推动服务业数字化建设。继续积极推动服务业数字化改造建设数字基础设施，夯实数字化改造的基石；丰富数据资源，积累数字化改造的生产要素；发展数字平台，规范数字化改造的重要载体。数字基础设施建设方面，政府要做好建设主体，不仅要扩大网络体系的规模，更要注重发展以5G、大数据等为核心的新一代信息技术。数据建设方面，在收集海量数据的前提下，利用数字技术进行处理以使其价值化，最重要的是扩大价值化数据在经济社会的广泛应用，进一步增强网络外部性，带来价值增值。平台建设方面，引导平台规范建设，吸引众多企业入驻平台、盘活平台，增强平台内部参与者的黏性并促成平台多方交易的达成，更好地发挥平台的梅特卡夫效应。

二是要有力促进服务业结构升级。引导服务业结构调整，不仅需要推动生活性服务业高端化，更需要进一步促进生产性服务业和制造业的融合。生活性服务业要与数字技术结合，深化生活性服务业中的文化内涵，挖掘新的消费热点，促进消费升级，创新商业模式。强化生产性服务业作为服务业中"高生产率"的角色，进一步推动生产性服务业和制造业的融合。这就需要加快构建两业融合的顶层设计，设计适用于商家—平台—消费者等多方参与主体的扶持政策，推动各类服务业创新园区、特色小镇等融合载体的建立和发展，并选定优势企业进行试点工作，由点及面地展开推广，从而实现知识密集型、科技金融型和研发创新型服务企业全面与制造业高效融合。

三是要注意服务业数字化带来的潜在风险。服务业数字化的过程也会带来各种风险和问题，比如，大数据以及高水平算力、算法在节约资源和带来绿色经济效应的同时，也带来了巨大的电力损耗，对环境的影响具有多面性；数据要素市场建立初始，规则不够健全，存在过度收集数据、滥用数据权限等问题，给隐私保护和公共安全带来隐患，电信诈骗频发，甚至可能因为不当的数据跨境传输危害国家安全。在服务业数字化的发展过程中要密切关注这些问题，建立健全数据要素市场规则，引导数据资产化过程中所有权和使用权的区分；还要注意规避因平台垄断带来的消费者福利净损失和系统性风险问题。

（执笔人：刘志彪，产业经济研究院（南京大学）常务院长、教授；孙文婷，南京大学商学院博士生）

服务业数字化提高多样化效率对"成本病"的影响

服务业的问题不同于其他产业的特殊性，在于存在"成本病"（或称"鲍莫尔病"），① 它涉及服务业生产率之谜。这一般被认为是由依赖手工的服务劳动难以同机器、技术相结合造成的。而服务业数字化最大的影响是智能技术与互联网武装了服务业的劳动者，人工智能发展甚至可能替代一般的服务劳动。这对"成本病"将产生复杂的影响。本文试图从不同层次梳理这个问题。

一 "成本病"的真相是什么？

之所以提出"成本病"，还有一个"真相"问题，是由于数字化的出现，生产率本身开始产生歧义。IT革命是生产率革命。假设"革命"的意思是正负极颠倒，那么就不得不认为，IT生产率在效率的性质上，存在革命性变化。根据数字经济学

---

① ［美］威廉·鲍莫尔等：《增长的烦恼：鲍莫尔病及其应对》，贾拥民译，中信出版集团2023年版。

研究,① 情况确实如此：工业技术主导的生产率取向是提高专业化效率，而信息技术主导的生产率取向是提高多样化效率。二者的关系确实是"革命"性的，而不只是改良的（如用数字化提高专业化效率）。

专业化与多样化是一对矛盾。这本是斯密的基本思想。杨小凯早在20世纪就曾指出："多样化和专业化的发展是分工发展的两个方面。"② 这意味着，斯密说的分工创造财富，包含两个相辅相成的方面，即专业化与多样化（又称规模与范围），演化为规模经济与范围经济。

服务业生产率之谜的提出，忽视了多样化效率的存在。它说的是，服务业的劳动生产率相对于制造业较低，占GDP的份额却不断提高。因此出现GDP提高伴随的是生产率下降这样的悖论，而"成本病"是对这一悖论给出的现有"合理"解释。

如果按数字经济学的新解释，服务业的劳动生产率应分为劳动的专业化生产率与多样化生产率。服务业的专业化生产率较低，这确实是部分事实（尤其是在服务业广泛存在"不易被机器取代的人工因素"时），但不等于多样化生产率较低。事实是，服务业一直是多样化生产率较高的部门。经济学界一直用制造业与服务业分别代表无差异、非多样化部门与差异化、多样化部门。服务业之所以不能先于制造业得到发展，是因为受到经济发展中收入的限制。一般来说，低收入阶段，收入份额较多地分配给弹性较低的、基本的、同质化的需求；高收入阶段，才有条件把收入更多地分配给高弹性的多样化需求。鲍莫

---

① 姜奇平：《数字经济学：微观经济卷》，中国财富出版社2003年版。
② 杨小凯：《经济学原理》，中国社会科学出版社1998年版。

尔所谓的"进步部门"（制造业）与"停滞部门"（服务业）显然是以工业化效率观为基准划分的。如果按"革命"标准颠倒过来（以人均1万美元为划界标准），论多样化效率的高低，制造业才是"停滞部门"，服务业则会成为"进步部门"。

关于"成本病"，鲍莫尔经常举莫扎特音乐四重奏的例子，认为莫扎特四重奏的效率"年复一年保持不变"，那么工资如果提高4%，一定意味着成本增加4%。[①] 这种分析只考虑了要素价格约束（如成本函数），但没有同时分析效用函数尤其是预算约束可变（随发达状态——收入条件的改变而改变）这一点。如果内生收入变量，也可以认为劳动生产率（专业化生产率）提高导致收入普遍提高，在多样性偏好作用下，可能产生对莫扎特四重奏演出的更多需求，在供给不变下，自然会导致价格上升。这是正常现象，不代表生产率的全面降低。

二 服务业数字化的使命何在

明确了在"成本病"背后，还存在多样化效率这一被人们广泛忽略的主要事实后，有助于把服务业数字化的议题设置摆正。从人们一直比较关注的规模问题转向范围问题，再来讨论数字化的影响，就会明显有别于数字化提高服务业劳动生产率（实际是专业化生产率）这个方向的选题。虽然并不否认存在这种现象，但这属于另一个问题（即服务业的产业化问题，或者说规模问题）。规模问题（专业化问题）更多涉及量，主要关

[①] ［美］威廉·鲍莫尔等：《增长的烦恼：鲍莫尔病及其应对》，贾拥民译，中信出版集团2023年版。

注的是成本降低；而范围问题（多样化问题）更多涉及质，主要关注的是价格的提高（进而附加值提高）。多样化效率的经济作用，主要不在规模方面而在范围方面，在于提高经济增长与发展的质量。

数字化的基本理论经济学问题与多样化效率提高具有内在联系。数字化与服务化的本体都是多样化，因此数字化即服务化。我们觉得，多样化与服务化是同一个意思，都是非差异化的反义词。所谓服务业的故事，其实就是多样化效率的故事。

这里的服务业代指的是服务业特有的生产方式，它与数字化带来的小批量、多品种的生产方式，在经济本体上是同一所指。它与服务业产业化（用第二产业的方式从事第三产业）不是一个问题，产业化中的产值增加、就业增加，这些都是表面现象，是各行各业工业化中的共性问题。服务业的"服务业的故事"（数字化）则是一个特殊问题，是指"在一个擅长靠多样化效率提高价格的部门，进一步提高多样化效率从而提高价格"的问题，它是服务业高质量发展的原问题，就是要高附加值的问题。

传统工业化的产业化以零经济利润为标志，即无差异、非多样化产业和经济的均衡点在 P = MC，准确地说在 P = MC = AC_{min}。当平均成本取到最小值才均衡时，意味着经济中只存在会计利润（且被他人等额会计亏损抵消），经济利润为零，即基本面上没有利润。中国之所以强调高质量发展，就是要摆脱零经济利润状态，通过创新、体验，造就质的差异性，从而向高附加值要正经济利润。服务化或数字化的均衡点，则确定在 P = AC。此时的平均成本不处于最小值，而是由体验（高收益差异化）、创新（低成本差异化）决定。AC—MC 这一区间就构成了由创新、体验创造出来的高质量、高附加值空间。

可以说，服务业的数字化，核心使命就是高质量发展，要落在高附加值这个目标上。我们通过从经济数学角度分辨服务业的工业化（产业化）与数字化（服务化）在均衡规律中的不同，是要把握服务业数字化的要点。

当然，事无绝对，服务业数字化也可以继续完成产业化这种工业化任务，因为毕竟中国服务业的 GDP 占比仅为 53.5%（截至 2023 年第三季度），与全球平均水平 65% 还有差距，其中生产性服务业也还有从 20% 跃升到 30% 的巨大空间。只是数字化在助推服务业发展中，要分清主次，分清主导的一面与基础的一面。数字化要助服务业起飞就要拉到一定的高度，当然可以先按武藏曲线规律发展制造业服务化，再按微笑曲线发展生产性服务业，循序渐进。但高附加值这个追求目标，一定要牢牢把握。

信息技术不同于工业技术的所长，在于提高多样化效率，降低差异化成本。同样，数字经济不同于工业经济的所长，在于提高溢价能力，降低创新与体验这类差异化活动的成本。只有发挥其所长，才能事半功倍。服务业数字化与制造业数字化还有所不同，服务业本来就是以多样化见长，数字化对于它来说，应如虎添翼。服务业的数字化可以搞自动化，但自动化只是辅助方向，不是主攻方向。一旦以自动化为主攻方向，就会造成对多样化的抑制（包括对人工就业的抑制），又走上传统中国制造降价竞争的老路。要扬长避短，把数字化的重点文章做在基于个人知识的人力资本能力提高上，切实提高劳动的多样化效率与效能。

三　人工智能会不会把"成本病"治过头？

"成本病"的产生本来就是由于服务业广泛存在"不易被机器取代的人工因素"①，现在电脑取代人脑，会不会把"成本病"治过头，变成人工因素很容易被机器取代，不仅把"成本病"治没了，而且让成本的来源——劳动者失去生存空间？回应这样的挑战，不能仅看眼前耸人听闻的新闻，需要从人工智能前沿趋势来把握大势，发现应战的线索。

"不易被机器取代的人工因素"实际可以分为几个层次。

第一个层次，是指难以被工业化方式取代的人工因素。这里的人工因素指服务中的机械劳动，主要是一些需要人工进行判断的体力劳动，可以通过标准化、自动化、流水线化，以机器的方式取代。例如，餐饮服务一般是难以被机器取代的，但麦当劳、肯德基做到了。原来洗碗是靠人工的，但洗碗机可以取代人工。将来人工智能可能解析并标准化一些细微的味觉，从而把一些简单的中餐变成流水线上的快餐。

这样的数字化主要依靠的是数字化的"副业"，也就是自动化——像工业化那样利用数字化，即通过数控机器来替代人工——以替代一些蓝领工作。仅此一点，就可以使鲍莫尔意义上的"成本病"不再成为提高专业化效率的主要问题。

第二个层次，是指难以被机器取代的知识性的白领工作，包括一些简单的创造性活动。数字化在此主要靠提高多样化效

---

① ［美］威廉·鲍莫尔等：《增长的烦恼：鲍莫尔病及其应对》，贾拥民译，中信出版集团2023年版。

率，包括大数据的非结构化数据分析，提高工作的灵活性。多样化在大数据定义中是非结构化数据，它们是同一个词。大数据把以往必须靠人工判断的相关关系转化为规律。与工业化技术的区别在于，工业化机器高度依赖简单性系统中的因果逻辑（所谓理性），只能把握带因果关系的规律，替代人工的因果判断。而大数据可以发现仅存在相关关系的事物的规律，从而替代人工的相关判断。

大模型与大数据的主要区别在于，将相关与因果结合起来，可以进行复杂性条件下的因果推断，替代那些需要将经验与理性结合起来进行的人工判断，甚至具有直觉判断能力。文化产品原来高度依赖人工因素进行创作，将来人工智能模仿名家画风，可以做到不仅形似，而且神似。

这带来了机器取代白领的忧虑。实际上，车到山前自有路。人们可能没有想到经济规律对技术的反向约束带来的影响。大规模定制是数字化的经济规律，它受前文所说的鲍莫尔分析的收入因素的影响。专业化劳动生产率的提高，如果不造成生产过剩的经济危机，需要有更高收入分布在足够多的人群之中，且这种收入会刺激、转化此前没条件细分的需求的涌现，进而自发创造出新的就业。人工智能替代白领工作，最终将带来白领工作一分为二，分为共性的部分与个性的部分，现实中就是"平台+应用"的生态模式。共性的部分，以平台形式承担，它是相对减少就业的；个性的部分，以应用程序（APPs）的形式出现，它将是成倍增加工作的（增加工作不一定增加就业，如零工经济，但会增加收入）。而APPs完全是劳动密集型的。但此时对人工会有一个提高了的要求，就是向"知本家"（"劳动+资本"，或基于个人知识的人力资本）的方向提高素质。人工智能使一线人员智能化，将是服务业数字化的主要努力方向之一。

第三个层次，真正"不易被机器取代的人工因素"是人的能动性。

现有大模型是十年前以因果推断替代相关分析（大数据）的产物；十年之后，现有大模型也将过时。2023年8月召开的国际信息研究大会，其宣言《人工智能的范式革命》把即将流行的大模型归入"传统人工智能"，指出"传统人工智能（包括GPT系列）的最大伤痛"在于主客二分，在事实判断能力加强的同时缺失价值判断功能。认为未来人工智能研究将从"物质客体"扩展到"主客相互作用的信息生态过程"，加入主体目标驾驭和环境约束，以应对"千变万化的应用场景"。

人工智能的执念是用机器取代人工，而智能化的未来趋势可能不是人工智能，而是人机智能，即真正加入"人工"，人与机器协同的智能。其中，真正"不易被机器取代的人工因素"是波兰尼（Michael Polanyi）说的个人知识。广义的个人知识，包括自由意志、意向、情感等以不同利益为参照的选择活动与选择能力。人工智能可能提供许多合理的可供选择的选项，但拍板要由人来做。人具有不同利益，形成不同的参照点，它的本能不是计算，而是选择。目前人工智能对同一问题往往给出相同的最优答案，而不能因人而异，就体现了局限性。需要把主体，包括主体之间的交互纳入智能，由"智能+人工"形成智慧。

一旦主体不再成为被机器排斥的对象，最大影响是使人的能动性、自由选择能力以及个性化与定制，成为人工智能条件下新的"不易被机器取代的人工因素"，这时的服务业会向体验化方向发展。标准化的服务业将成为低端服务业，随时可以被机器取代；但非标准的、个性化的体验服务，将成为高端服务业。

这时的"成本病"将不再是一种"病"。高成本对应的是高收益，数字化一方面将极大地提高数字化效率，另一方面将极大地提高数字化效能。效能与效率的区别在于，效能不直接改变效率（因此也不直接提高相对成本），而是将机器智能作为一种固定成本（FC），分摊在每个不同的活劳动中，造成范围报酬递增与范围成本递减。

此时，必要的社会选择成为优化服务业成本的关键。好的社会选择，可能不是过多倚重自动化，扩大就业下降造成的支付能力下降与生产率提高导致的产能过剩的矛盾，而是利用合理的技术政策与分配政策，将智能技术进步转化为更多细分的工作机会，激活一线活劳动的创造力，并以多样化红利形式提高劳动者的要素收入与财产性收入，从而将"成本病"消弥于无形。

总的来说，服务业数字化提高多样化效率，对"成本病"的影响具有不同的方向。因为"成本病"并不单纯是资源配置方面的问题，且与特定社会分配选择有关。包括人工智能在内的技术本身是中性的。如果配置均衡与分配均衡统一于广义均衡与最优条件，并不存在高于所创造价值的病态的成本。或者说，人工智能激发劳动的创造性从而获得更高收入，由于具有多样化效率作为基础，因此在基本面上不应额外增加成本。

（执笔人：姜奇平，中国社会科学院数量经济与技术经济研究所研究员）

注意力经济视角下服务业数字化的"成本病"分析

服务业数字化转型面临着新机遇和新挑战。一方面，数字技术的快速发展和广泛应用，为服务业提供了新的模式、新的工具和新的平台，为服务业提高效率、降低成本、创新业态、拓展市场、提升品质、增加价值提供了强大的支撑。另一方面，数字技术的普及和渗透，也带来了新的竞争、新的需求和新的风险，对服务业提出了更高的要求和更严的考验。在服务业数字化的过程中，成本问题一直备受关注。在注意力经济背景下，服务业要在海量的信息和内容中，吸引和留住用户的注意力，提升用户的体验感和满意度，实现用户的转化，这就要求进行更深层次的价值创造和价值共享，实现成本和收益的平衡与协调。这是一个全新的命题，值得深入探讨。

一 注意力经济视角下服务业数字化的特征事实

第一，互联网平台成为服务业的重要组成部分。数字经济中的服务业部分属于技术创新活跃、生产率进步快的部门。国家统计局发布的《数字经济及其核心产业统计分类（2021）》

将数字经济核心产业界定为计算机通信和其他电子设备制造业、电信广播电视和卫星传输服务、互联网和相关服务、软件和信息技术服务业。其中，后三个产业（统称"信息传输、软件和信息技术服务业"）都属于服务业，又包括电信、广播电视、卫星传输、互联网、软件、信息技术等活动。互联网平台是指利用互联网技术和数据资源，为用户提供各种在线服务的平台，如搜索引擎、社交媒体、电子商务、内容分发等。互联网平台的主要特征是利用网络效应，实现用户、内容、服务的多边互动和价值创造，是服务业不可或缺的组成部分。

第二，数据成为服务业数字化的重要生产要素。数据作为信息的载体，是服务业数字化过程中形成市场势力的一类重要资源。据观察，企业收集消费者数据加剧了信息不对称并降低了消费者的议价能力，拥有数据越多的企业拥有越强的信息分析能力，从而能在投资预测、风险控制、降低成本等方面取得优势。实践中，消费者数据也经常被用于精准营销，尽管与数据收集的花费相比并不总是有利可图。由于数据的非竞争性和即时传输特征，数据理应可以在服务业数字化过程中发挥越来越重要的作用。然而，尽管数据要素为服务业数字化带来了强劲经济增长潜力，但单纯地促进数据的生成和利用并不能够促成潜在的服务业经济增长。相反，服务业数字化在促进数据要素利用的同时，也应关注其配套基础设施特别是数据存储设施的建设。只有数据要素使用和配套设施建设二者协调发展，数据要素才能发挥出其应有的对服务业数字化的长期、安全、稳定的推动作用。

第三，注意力经济下的服务业数字化依旧可能存在"成本病"。"成本病"是指一些服务业部门，如教育、医疗、艺术等,难以通过技术进步提高生产率,而导致相对成本和价格不断上升的现象。注意力经济是指在信息过剩的数字时代,人们的注意力成为一种稀缺和有价值的资源,各种平台和内容竞相争夺用户的注意力,从而实现价值转化的经济形态。注意力经济的特征是用户的需求和偏好多样化、个性化和碎片化,平台的供给和匹配智能化、动态化和实时化,内容的创造和传播开放化、协作化和互动化。在注意力经济下,服务业数字化是指服务业利用数字技术,如互联网、大数据、人工智能等,对服务的生产、交易、分配和消费进行数字化的转型和创新,以提高服务的效率、质量、多样性和附加值的过程。在注意力经济下,服务业数字化是否依旧可能存在"成本病",取决于服务业数字化的程度和效果,以及服务业的本质和特点。

二 服务业数字化是如何影响成本结构的?

当前,数字技术与服务业的深度融合显著提高了服务业的劳动生产率,然而这种趋势未必总是这样,也面临着不小的挑战。

第一,生产性服务业已经在数字技术的推动下,逐渐从劳动密集型转向资本密集型。但是,由于生产性成本随着技术进步而下降,人力成本、营销成本和数据成本等在行业成本中再次占据了很高的比例,因而使该行业重新陷入了服务业"成本病"困境。一方面,服务业数字化可以通过提高服务的供给效率、降低服务的交易成本、拓展服务的市场规模、创新服务的业态模式等方式,缓解或克服"成本病"的影响,实现服务业的生产率提升和成本降低。另一方面,服务业数字化也可能面临一些挑战和限制，如数字技术的投入和维护成本、数字技术的替代和升级成本、数字技术的安全和风险成本、数字技术的规范和监管成本等，这些成本可能会抵消或超过服务业数字化带来的收益，导致服务业的成本仍然上升。此外，一些服务业部门，如教育、医疗、艺术等，由于其服务的本质和特点，如服务的人性化、专业化、情感化等，难以完全通过数字技术来替代或提升，仍然需要大量的人力投入和高水平的劳动技能，依旧可能存在"成本病"。但这并不意味着服务业数字化是无效的，而是需要根据不同的服务业部门和领域，采取不同的数字化策略，以实现服务业的优化和创新，提高服务业的竞争力和价值。

第二，大数据技术保证了服务业数字化营销的精准度和效果。通常来看，服务业数字化可以提高营销效率，从而降低营销成本。数字化营销可以更加精准地定位目标客户，减少分销环节，实现营销信息的精准投放，针对性更强，大大节约了促销费用。此外，服务业数字化还可以提高服务供给效率，拓展生产可能性边界，从而保持较快的增长。服务业数字化还可以为自主开发小程序的商家节省开发成本，为有数字化营销需求的中小企业节省投入成本。然而，意想不到的是，全球广告成本却在逐年增加。比如，2019年全球互联网营销成本为2990亿美元，而2015年为1560亿美元。数字展示广告（包括横幅广告、富媒体、软文和赞助、在线视频和社交媒体在内的广泛类别）一年达到1600亿美元，是2019年全球最大的营销成本支出。如果将所有数字展示广告与电视和报纸广告单独进行比较，可以看出服务业数字化中营销成本是逐年升高的，这是服务业数字化过程中行业成本的未来趋势。

三 注意力经济视角下服务业数字化的"成本病"分析

在"用户为王"和"内容为王"的时代,平台经营越来越依靠内容传播系统和流量补贴机制来扩大用户规模,使得流量分发(Flow Distribution)逐渐成为服务业数字化的一种新的竞争手段。平台给广泛用户极大参与空间,其最显著的特征在于吸纳大量非专业人员,贡献碎片化时间参与内容创作。用户不仅是内容的观看者,同时也是内容的生产者,即具有"产消合一"特性。平台独特的"产消合一"特性和"免费化"情境,为服务业数字化的成本分析带来了全新挑战。

第一,注意力竞争导致传统服务业企业营销成本流向数字化平台,服务业数字化营销成本失衡。在数字平台上,用以吸引注意力的广告位是有限的资源,而企业对流量的需求却不断增加。由于平台用户的广告接受能力有限,企业为了在众多竞争者中脱颖而出,愿意支付更高的价格获取有限的流量曝光。这种供需失衡是服务业数字化过程中营销成本上升的根本原因之一。然而,这种供需失衡的产生只是通过互联网平台将服务行业增加的成本内生化,在服务业数字化的过程中,企业增加的营销成本转化为互联网平台的利润,形成了注意力经济发展过程中供需失衡的表现。

第二,服务业数字化并不只依赖于数据要素,也依赖于支持服务业运转的一系列配套基础设施。从某种意义上说,如果服务业中的生产活动能够被机器替代,那么服务业"成本病"就能得到缓解甚至克服。与数字技术深度融合的服务活动不一定以即时使用和消耗的形式呈现，而是以数码化形式呈现。联合国《2008年国民账户体系》所指的生产活动包括了知识载体产品，即"那些以消费单位能重复获取知识的方式而提供、存储、交流和发布的信息、咨询和娱乐"，对应于一般或专业信息、新闻、咨询报告、电脑程序、电影、音乐等产业。劳动力投入、机器等实物资本、以专利和技术为代表的技术都可以独立存在，直接对生产产生贡献。相比之下，数据与数据存储设施则形成了紧密的共生关系。因此，数据要素成本不仅体现在服务业，也体现在制造业。如果数字经济的发展更多地表现为制造业与服务业相融合的状态，即提高服务业生产率的程度大于制造业，则"成本病"就会得到缓解。

第三，不同行业的劳动生产率增速因为技术偏向性的演进而改变。随着信息技术在服务业中的普遍应用，服务业的有机构成不断提高，出现资本加深趋势。技术进步在替代一部分劳动力的同时，也创造了大量的就业岗位。长期来看，其补偿效应大于替代效应。随着人们消费需求的扩大和升级，产业规模的不断扩张，未来会有更多的就业岗位。以信息技术应用为代表的技术进步具有技能偏向性，信息技术进步提高了高技能劳动力的相对需求，扩大了工资差别。劳动力市场中高技能工人比例越高，市场中互补性技术进步越有可能发生，并进一步促进生产率提高和技术升级。显然，如果各个领域的生产率都在提高，即使某些行业的生产率增速比其他行业低，相同或更少的劳动时间将比以前生产更多的商品和服务。相反，如果创新停滞、生产率增长停滞，虽然来源于不同经济部门劳动生产率提高差异的"成本病"会消失，但会由此导致经济增长的停滞。显然，由于国民经济各个行业的技术偏向性不同，必然会有些行业的技术进步和劳动生产率提高快一些，有些行业的技术进步和劳动生产率提高慢一些，这些不同行业的劳动生产率增速在不同时间段也会因为技术偏向性的演进而改变。

第四，"数据生产力悖论"引起服务业数字化的成本滞后性。根据罗默（Paul Romer）的观点，当前全球经济增长低迷、劳动生产率长期停滞的主要原因是，我们没有深刻了解如何充分实现和转化数字经济利益在经济进步中的贡献。以人工智能、大数据、区块链为代表的新一代信息技术与传统全要素产生率和服务业增长之间存在影响滞后性，AI 技术与服务业劳动生产率之间存在显著的"扩散滞后"。这是因为人工智能的发展依托于对数据的训练，而当前 AI 技术对数据的收集、处理和训练都需要较长的时间。以 ChatGPT 为例，相比 Web1.0 和 Web2.0 的单向内容输出，尽管 ChatGPT 具备了双向输出和互动的能力，而 ChatGPT 从获取数据到训练数据仍需要较长的周期。

四 结论与启示

在服务业数字化中，注意力经济的兴起导致了一系列可能引发"成本病"的现象。这其中包括注意力经济中的激烈流量竞争、数据生产力悖论的存在、数字技术导致的技术偏向性以及数据要素配套基础设施的必要性。服务业数字化成本分析的根本目的在于实现"滞后部门"和"进步部门"在内的整个经济的持续技术进步和生产率的提高。为此，需要采取如下政策举措。

第一，注意力经济下平台反垄断与服务业数字化需要相互促进、相互平衡，在保护竞争和保护创新之间寻找合理的平衡点，实现平台经济和服务业数字化的协调发展和共赢发展。一方面，平台反垄断有利于防止平台企业利用数据垄断和技术壁垒，排除、限制竞争，损害服务业数字化进程中的创新活力和效率，保障服务业的多元发展和良性生态；另一方面，平台反垄断也要兼顾平台企业的创新动力和合理利益，避免过度干预和扼杀平台经济的发展潜力，支持服务业的数字化转型和升级。

第二，数据要素使用和配套设施建设二者需要协调发展，数据要素才能发挥出其应有的对服务业数字化的长期、安全、稳定的推动作用。数据要素带来了强劲的经济增长潜力，但单纯地促进数据的生成和利用并不能够促成服务业数据化的可持续进程，在促进数据要素充分利用的同时，也要关注其配套基础设施特别是数据存储设施的建设。

第三，对于服务业数字化中的公共数据，需要以"数据携带权"打破"数据孤岛"，促成公共部门的数据共享与个体数据便利化使用。数据权属界定不清已成为数据要素化最大的制度障碍之一，同样也会进一步阻碍服务业数字化。为此，可借鉴美国的《同意法案》（Consent Act），通过制定额外的规则，促使公司承担利用消费者提供的个人数据的应尽责任，包括对内容层面的个人数据进行充分的脱敏，以及其他必要的合法处理，例如匿名数据再识别化的风险评估、应急补救等。

（执笔人：夏杰长，中国社会科学院财经战略研究院副院长，中国市场学会会长，研究员；苏敏，清华大学社会科学学院博士后）

平台助力服务业数字化
治愈"鲍莫尔病"

根据经济学界的传统认知,服务业由于受到"鲍莫尔病"的影响,其生产率较低,在经济服务化的过程中,容易出现结构性减速。从根本上看,"鲍莫尔病"是因为服务业需要投入大量的人力资源,以面对面的方式完成,技术进步速度慢,难以实现工业化规模化生产。近年来,伴随着服务业数字化而来的数字平台的不断发展,不仅促进了数字经济与实体经济的深度融合,也对服务业的生产模式和生产效率产生了巨大影响,对服务消费和服务就业发挥着积极促进作用,从而有可能治愈服务业的"鲍莫尔病",提高全社会生产率。

一 "鲍莫尔病"的含义及其影响

"二战"后,各个国家服务业占GDP的比重持续上升。对此,很多经济学家提出了理论上的解释。以鲍莫尔为代表的经济学家认为,服务业占GDP比重的上升,是因为服务业本身的生产率提升较慢,成本持续增加,而其占GDP的比重持续上升。在其开创性的论文中,鲍莫尔提出了一个两部门非均衡增长模型,即由技术进步推动的生产率持续增长的"进步部门"和没有技术的"停滞部门"。[①] 假设劳动力可以在两个部门之间自由流动,且社会对"停滞部门"所提供的服务缺乏需求价格弹性,那么,劳动力会持续流向生产率较低的"停滞部门"。这样,"停滞部门"的单位产品成本不断上升,产出价格越来越高,占GDP的比重越来越大,而整个国家的经济增长速度也会持续下降,这被称为"鲍莫尔'成本病'"(Baumol's Cost Disease),简称"鲍莫尔病"。在经济现实中,很多服务行业以劳务产出的方式进行,需要提供者与消费者同时在现场完成,很难做到机械化、标准化、自动化,其生产效率提升缓慢,是鲍莫尔所提出的"停滞部门"的代表。

"鲍莫尔病"的理论提出之后,引发了大量争议,而实证研究的结果也存在着显著差异。一部分实证研究证明了"鲍莫尔病"的确存在。鲍莫尔指出,美国在1948—1995年,外科医疗服务的名义价格以每年5.5%的速度递增,病房成本以每年8.4%的速度递增,每个学生的教育支出以每年7.4%的速度递增,而同期消费者价格指数(CPI)的递增速度低于4%。[②] 其他发达国家也有类似情况。价格的上升,造成了医疗服务与教育成为服务业内部增长最快的部门,其占GDP的比重也急剧上升。Joe P. Mattey也同样指出,在1977—1996年,美国的服务业人均产出以每年0.5%的速率下降,而劳动力成本以每年

[①] William J. Baumol, "Macroeconomics of Unbalanced Growth: The Anatomy of Urban Crisis", *The American Economic Review*, Vol. 57, No. 3, 1967, pp. 415–426.

[②] William J. Baumol, *The Cost Disease: Why Computers Get Cheaper and Health Care Doesn't*, Yale University Press, 2012.

6.9%的速率上升。① 服务业的价格以每年4.5%的速率上升，这带动了服务业比重的上升。Anne-Kathrin Last 和 Heike Wetzel 对德国剧场表演的生产率进行了实证研究，使用随机前沿方法，将TFP分解为两个部分：（1）鲍莫尔的"成本病"模型在此部门是否有效；（2）效率进步能否补偿由此带来的生产率负面影响。② 结果证明，随着工资的增加，单位劳动力成本上升，这证实了"成本病"假说。而且，剧院有着明显的规模效应，但并不足以抵销"成本病"带来的非效率。从总体上看，大部分经济学家都认为"鲍莫尔病"在经济中或多或少存在。2017年鲍莫尔去世时，芝加哥大学布斯商学院的美国经济专家小组对一些著名经济学家进行了调查，59%的受调查专家同意"鲍莫尔病"在现实生活中的确存在。③

从中国的实际情况来看，服务业总体生产率较低，与第二产业相比有一定的差距（见表1）。

随着数字技术在社会经济生活中的持续扩散，平台通过为商家提供数字经营解决方案，实现了服务业数字化的"三低四高"，形成了价值共创系统。一方面，平台实现了服务业数字化的低技术门槛、低成本、低人力资本要求，使得小微服务企业也能够开始数字化转型，从而实现数字普惠。另一方面，平台

---

① Joe P. Mattey, *Will the New Information Economy Cure the Cost Disease in the USA? In The Growth of Service Industries：The Paradox of Exploding Costs and Persistent Demand*, Elgar, 2001, pp. 87 – 104.

② Anne-Kathrin Last, Heike Wetzel, "Baumol's Cost Disease, Efficiency, and Productivity in the Performing Arts: An analysis of German Public Theaters", *Journal of Cultural Economics*, No. 35, 2010, pp. 185 – 201.

③ Michael Maiello, "Diagnosing William Baumol's Cost Disease", May 18, 2017, Chicago Booth Review, https：//www. chicagobooth. edu/review/diagnosing – william – baumols – cost – disease.

表1　　2015—2022年服务业与第二产业劳动生产率的比较

（单位：元/人）

	服务业劳动生产率	第二产业劳动生产率	服务业与第二产业劳动生产率之比	服务业与第二产业劳动生产率之差
2015年	105408	123976	0.85	-18568
2016年	113566	132182	0.86	-18616
2017年	122457	151934	0.81	-29477
2018年	130663	170555	0.77	-39892
2019年	145483	178685	0.81	-33202
2020年	154716	178367	0.87	-23651
2021年	170145	207560	0.82	-37415
2022年	184871	228716	0.81	-43845

资料来源：笔者根据国家统计局公开数据整理，服务业劳动生产率＝服务业增加值/服务业就业人数；第二产业劳动生产率＝第二产业增加值/第二产业就业人数。

实现了服务业数字化的高精准、高效益、高信任与高融合，通过协同多元化的服务商体系，打造出简单易用的数字化转型方案。在平台助力下，服务业数字化转型步伐加快，服务业整体生产效率有了极大提升，"鲍莫尔病"正在被治愈。

二　平台治愈"鲍莫尔病"的途径

平台通过降成本、增效益，不断提升服务业数字化普及率，助力服务业数字化转型。一方面，平台为服务业尤其是对于小微企业的发展降低了经营成本，小微企业是服务业的重要组成部分，服务业90%以上经营主体属于小微企业。以支付宝平台为例，支付宝公布的《2022支付宝助力实体年度报告》显示，一年来，支付宝用"3个百亿级助力"帮服务业恢复经营、加快复苏,包括向小微商家降费让利超100亿元、两场平台消费节累计拉动消费近650亿元、开放近200亿免费流量帮实体商家降本提效,充分发挥了平台对助力实体经济的正向效应。另一方面,平台除了通过降费让利帮扶小微企业,为商家减免经营成本外,还通过创新的消费形式,在促消费和扩内需方面起到了重要作用,促进了服务业效益的提升。比如,2022年,支付宝联合全国千万商家举办了两场消费节,投入资金资源,用红包码、优惠券、直播带货等形式刺激消费,累计拉动消费近650亿元。在此基础上,平台通过创新行业解决方案,开放数字营销、增值管理、资金能力等数字化进阶能力,降低了中小商家数字化门槛。

通过促进服务业数字化转型,平台能够提升服务业整体供给效率,从而治愈"鲍莫尔病"。服务业供给效率低下的一个原因是供应链产业链既涉及物,又涉及人,完成最终服务的各个环节之间难以耦合,从而无法降低成本。而平台的出现,能够将人、物、知识、技能、标准等整合在一起,实现服务资源的汇聚、智能调度与优化使用,从而推动服务业供应链、产业链各个环节的耦合更为高效。通过全链路数字化、在线化、智能化,提高服务者的效率,从而在某种程度上提高服务业的效率。平台通过对消费端进行数字化改造,引导消费者形成线上消费、线上体验、线上支付,完成服务过程,而且是对服务的整个链路的数字化改造。从店面的数字化改造,到物流的数字化与精准化,到上门服务的精准化,再到服务资源的智能化调配,以及到店服务的及时排队系统等,都以平台数据为支撑,形成一个精准而高效的系统,从而更好地保障社会基本生活,提升消费品质。研究表明,平台更发达的国家,全要素生产率的增长更快。① 而且，规模越小的企业，平台对其生产率的提升作用更大。

除了提升服务业供给效率外，平台通过推动服务业强化商业模式创新，提高了服务业供需匹配效率，从而能够充分发挥服务业的规模经济效应。通过平台，中小企业可以减少信息不对称、增加客户或供应商、扩大市场、外包物流，从而降低运营成本，获得商业智能服务，产生规模经济（利用网络效应）和范围经济，提升其生产率。有研究指出，平台对生产率的提升效应，可以通过扩大平台内经营企业的营业规模而实现。② 平台提高了服务业的供需匹配效率，扩大了服务容量，改进了服务质量，改善了消费者体验。很多服务业的特点是需要面对面服务，即需要消费者到店体验。而消费者到店过程，又面临着排队等问题，影响服务体验。平台通过提供数字化预约等，能够改善消费者体验。此外，平台可以提高企业信息收集、处理、分析的效率和准确性，进而合理分配服务能力的时空布局，大大提高企业的生产经营效率。这既能减少服务过程对人工的依赖，又能提高服务容量的柔性化程度，可以更适应需求变化、更低成本地调整服务的容量。尤其是在生活服务业领域，平台汇聚了大量的终端用户（消费者）、商家和服务商，推动这些主体之间高效连接与交互，实现供需高效匹配和营业规模的不断扩大。

---

① A. Bailin Rivares et al., "Like It or Not? The Impact of Online Platforms on the Productivity of Incumbent Service Providers", 2019, OECD Publishing, Paris, https：//www.oecd-ilibrary.org/economics/like-it-or-not-the-impact-of-online-platforms-on-the-productivity-of-incumbent-service 080a17ce-en.

② H. Costa et al., "Are Online Platforms Killing the Offline Star? Platform Diffusion and the Productivity of Traditional Firms", 2020.

从典型行业来看，平台能够广泛应用到政务、教育、医疗等各个领域，提升这些行业的服务效率。在政务方面，平台通过汇聚大量用户，聚合政务服务、公共服务和准公共服务，产生了巨大的社会经济价值。以支付宝为例，目前各省市及相关政府部门大部分都在支付宝平台开通独立运营的私域小程序，而支付宝也发挥平台能力优势，将各个政务小程序的优质服务，如公积金、税务、水电燃气、交通出行等聚合进平台"市民中心"应用中，并通过公域智能算法向用户精准推送服务，用户可以通过"市民中心"进入各个民生政务小程序，用户在享受数字政务服务的同时，平台也帮助提升各个政务小程序的曝光度。助力政府将更多线下服务搬上手机，做到从"人找服务"到"服务找人"，最终让更多服务成为无接触服务，让用户在家里就一键办理，享受便利的市民服务。可以说，在平台助力下，政务服务质量和效率有了显著提升。

作为生产效率提升并不明显的行业，教育和医疗都面临着"鲍莫尔病"的问题。从教育来看，数字平台通过与学校共建数字化校园服务平台和终身学习体系，为在校师生和家长提供线上缴费、教学教研、线上学习、家校共育、校园生活等各项服务功能，从而提升了教育治理效率。此外，通过"互联网+教育"大平台的构建，能够充分整合各级各类教育资源，从而实现数字教育资源和优秀师资的有效共享，助力教育服务供给模式升级和教育服务效率的提升。从医疗来看，数字平台提升了医疗服务的便捷性和可及性，随着平台在医疗领域的广泛应用，医疗领域的"鲍莫尔病"有可能缓解。目前许多数字平台上都入驻了符合资质的药房，居民可以根据自身需求，线上购买药物，既方便又及时。支付宝、微信等大型社交平台帮助医院搭建独立的小程序，使得患者可以在平台上在线预约挂号，避免了排队等待的时间。平台也可以给民众推动医疗普及信息、健康养生小知识等，帮助患者增强医疗保健意识。此外，随着互联网诊疗平台的兴起，患者可以通过互联网诊疗平台在线咨询，获取诊断和医疗建议，减少了就医等待时间和医疗费用。

可以看出，数字平台通过降成本和增效益的方式，促进了服务业尤其是中小企业的数字化转型，为服务业和实体经济发展做出了巨大贡献。平台促进了服务业供应链、产业链的耦合，通过整合服务资源实现了服务业整体效率的提升，在治愈"鲍莫尔病"方面发挥着重要作用。此外，数字平台能够提升服务业的供需匹配效率，从而扩大服务业的规模，提升服务质量，发挥出服务业的规模经济效应，提升服务业供给效率。

三　发挥平台作用治愈"鲍莫尔病"的政策建议

"鲍莫尔病"是服务业发展中常见的问题，其症结在于服务供给效率低下、供需匹配不足以及商业模式的僵化。平台通过推动服务业数字化转型，能够促进服务业供应链耦合及供需匹配，提升服务业整体效率。可以说，平台在治愈"鲍莫尔病"方面表现出较大优势，在未来也有着巨大潜力。为了将这些优势进一步发挥出来，需要在政策方面予以支持。

一是加大对平台发展的支持力度。通过建立更加友好、透明的政策环境，政府可以鼓励平台在服务业中发挥更大作用。这包括简化相关审批程序，为平台和服务商提供更多的财政激励，以及制定专门的法规，规范平台的经营行为。政府还可以设立专门的基金,用于支持和培育新兴平台,尤其是那些关注小微企业和服务业数字化升级的平台。通过这些措施,政府可以激发平台的发展热情,推动其在治愈"鲍莫尔病"中发挥更为积极的作用。

二是加强对平台发展的监管和引导。在支持平台发展的同时,政府也需要建立有效的监管机制,规范平台的行为,维护市场秩序。这包括对平台的数据隐私、安全性等进行监管,以确保平台在服务业中的发展是健康的、可持续的。政府还可以通过推动平台间的信息共享,促使平台更好地服务于实体经济,减少信息不对称,提高服务供给效率。在监管的同时,政府还可以通过引导,推动平台在服务业数字化转型中发挥更为积极的作用,促进其更好地服务小微企业,解决服务供给不足的问题。

三是支持以平台为主体开展服务业数字化的试点示范。平台在价值共创方面发挥着巨大作用,平台利用数据、技术等优势,连接各方主体,形成数字生态,持续赋能商家、服务商和消费者。平台作为治理主体,提供基础治理架构,提供信用服务,推动信用化交易。因此,要以平台为主体,建立政府与平台合作机制,支持平台突破最小临界规模,对中国式服务业数字化进行试点示范。

(执笔人:李勇坚,中国社会科学院财经战略研究院研究员,中国市场学会副会长;刘希兰,中国社会科学院大学应用经济学院博士研究生)

创 新 篇

以数字化推动服务业创新发展

数字化助力服务业打破了"成本病"假说,使服务业成为积极创新发展的"进步部门"。面向未来,数字化将在若干方面持续推动服务业创新发展:资源配置方式创新上,线上市场依循市场化原则不断做大做强;技术创新上,新一代信息技术将陆续带来颠覆式创新;业态创新上,生活服务领域或将腾出更大普惠空间;组合式创新上,数实融合场景不断深化拓展;贸易创新上,数字化可以提升服务贸易效益。因此,企业和政府应积极布局数字化推动服务业创新发展的相关领域,引导产业高质量发展。

一 数字化推动服务业创新发展的理论解释

在一国或地区工业化之前和后工业化时期,服务业占比较高是普遍现象。只有在工业化时期,工业的占比出现较大幅度的上升。结合欧美发达经济体的事实,大部分学者曾经一度认为服务业占比较高是产业结构升级的表现,但现在国外开始反思制造业空心化、主张制造业回流,国内一些学者也认为服务业占比高可能是拉低经济增速的重要结构性因素。从理论上来讲，这些对服务业的反向认识主要基于鲍莫尔"成本病"假说，认为服务业相对制造业而言效率较低，直观表现是服务业就业份额高于增加值份额。美国学者鲍莫尔于1967提出了"成本病"假说，他认为经济资源和劳动力是从"进步部门"（即那些以相对较高的技术进步率为特征的部门）转移到"停滞部门"（或"非进步部门"），导致经济增长率出现所谓的"成本病"，即经济增长率不断下降。[1] 有研究表明，如果将服务业划分为可标准化服务业和不可标准化服务业两类，就会发现，不可标准化服务业符合鲍莫尔模型的假设，其过度增长会导致"成本病"；可标准化服务业不符合鲍莫尔模型的假设，其增长会保证整体经济生产率的可持续增长。[2]

越来越多的研究表明，数字化在促进服务业创新发展方面发挥了不可替代的作用，尤其是数字化会带来的服务经济边际收益递增、让不可贸易的变为可贸易的新现象，很好地攻克了"成本病"假说的前提条件，从而使服务业与制造业一样成为所谓的"进步部门"。[3] 比如，当信息服务部门的劳动生产率增长比商品生产部门的增长率高时，服务业改善速度与增速都与经济水平相当。所以，当数字经济能帮助信息服务经济增速时，"鲍莫尔病"在一定程度上可以被"治愈"。笔者曾经基于全要素生产率的角度，实证测算了技术创新在推动服务业行业经济增长的贡献，证明了以数字技术为代表的技术创新正在成为推

---

[1] William J. Baumol, "Macroeconomics of Unbalanced Growth：The Anatomy of Urban Crisis", *The American Economic Review*, Vol. 57, No. 3, 1967, pp. 415 – 426.

[2] 李建华、孙蚌珠：《服务业的结构和"成本病"的克服——Baumol模型的扩展和实证》，《财经研究》2012年第11期。

[3] 江小涓、罗立彬：《网络时代的服务全球化——新引擎、加速度和大国竞争力》，《中国社会科学》2019年第2期。

动服务业创新发展的重要动力。当然，数字经济的贡献很难被完整地记录或精准测算，因为很多数字经济的的福利贡献是难以计量的，但其对经济社会和民生福祉的巨大贡献正在彰显出来。可以预计，在未来社会，我们很有可能面对"无数字、不生活、不生产"的事实，服务业将走在拥抱数字化的最前沿。

二 数字化推动服务业创新发展的几个着力点

面向未来，政府和企业应积极布局数字化推动服务业创新发展的相关领域，引导产业高质量发展。综合来看，可以以资源配置方式创新、技术创新、业态创新、组合式创新及贸易创新为主要着力点。

第一，资源配置方式创新上，线上市场依循市场化原则不断做大做强。数字技术的普及使得服务业不再受地域的限制，出现了线上服务的新业态模式。利用数字技术配置存量和增量资源，在不提升成本的情况下将碎片化的资源与消费者的需求一一对应起来，从而推动经济增长。在快速的生活节奏中，数字技术可以帮助人们将碎片化时间与服务平台碎片化资源相匹配，以满足消费者多样化的需求，从而提高消费水平，拉动经济增长。例如利用网络大数据匹配消费者个性化需求，并进行相关产品推送，多维度推广产品，多渠道宣传品牌。并且，随着创新带来的数字化中间服务种类不断增加，服务业生产的全要素生产率大大提高。中国消费者数量众多，数字平台市场广阔，这意味着数字平台既能达到规模效应，也能达到竞争效应，消费者通过透明公开的价格信息能选择最优惠的数字服务平台。因此，在平台间竞争及数字生态系统间竞争压力下，平台企业要在自身运营过程更多引入市场竞争机制,遵循市场原则,扩大有效市场需求,提高市场竞争力。当国内市场趋于饱和时,拥有全球化视野的数字平台还可带领中国数字化服务"走出去"。而且,渗透性的数字技术能带来竞争优势,创造更多的价值,使企业拥有更好的营商环境。例如,支付宝平台基于庞大的用户基础、强交易心智、独有的平台特色能力等,以"全渠道运营、全链路运营、全生态开放"的理念,推动"繁星计划2.0",提供超百亿公域流量,支持服务业企业进行"三低四高"的数字化转型,助力更多的企业在服务化运营时获得竞争优势,从而将资源配置到服务业数字化领域。

第二,技术创新上,新一代信息技术将陆续带来颠覆式创新。由于时代特性,数字时代的产品和服务创新速度日新月异。而利用数字技术可以快速创造新的产品、服务和商业模式,有效加强创新能力。① 服务业数字化能带给企业衍生新领域的机会,利用科技手段打破信息边界,并且科技的迭代性进步会激发企业不断创新发展。这种迭代式创新的前景较易观察,相关投资和技术专利提前布局,处于稳定发展轨道,新进入企业进入门槛较高,如电商平台、电信网络。对全社会、在位企业和潜在进入企业将产生更大影响的则是颠覆式技术创新,尤其是那些应用场景广阔的技术创新,一旦取得突破将对整个行业产生较大冲击,机遇与挑战并存,值得高度关注。从共享单车、网约车、直播,到元宇宙,再到 ChatGPT,大致都属于这一类型。近年来,让人工智能受到全世界瞩目的高调事件,基本上

---

① 夏杰长、熊琪颜:《数字技术赋能中国服务业成长:作用机理与实施路径》,《中国经济学人》(英文版)2022 年第 6 期。

都是基于深度学习的。比如，AlphaGo击败了世界围棋冠军，自然语言处理催生了智能语音助手，自动驾驶、人脸识别在世界范围内得到广泛应用，AI绘画更是以假乱真、火遍全球……可以说，深度学习已经浸入我们的日常生活，从边缘走到了舞台的中心，正蓄势待发，即将掀起一场惊人的变革。特别是元宇宙和ChatGPT的技术还在快速发展演进，今后将对更多场景产生实质影响力，极大提高相关行业的服务效率。此外，道德技术与数字隐私、区块链和加密货币、物联网、6G等技术或将在不远的未来取得突破式发展，值得高度关注。

第三，业态创新上，生活服务领域或将腾出更大普惠空间。未来，部分生活服务的巨大缺口或将由平台以准公共品或商品的市场化形式来提供，增强普惠性和科技伦理，加快满足人们对美好生活的向往。一方面，数字经济可以让生活服务更加精细化。比如，"未来社区"致力于提升群众利用数字技术的能力，从居民的实际生活情景出发，推动服务方式和理念进行数字化创新，让民生服务场景与数字技术深度融合，并形成了一批应用广泛且契合百姓生活的典型场景，最大程度增强数字治理的包容性和消除数字鸿沟，让基层百姓实实在在享受数字经济带来的红利。另一方面，生活服务将更注重科技伦理。有研究表明，更好的数字产品的设计和使用可以减少老年人和边缘化用户所造成的数字排斥问题。[①]因此，在智能化时代需要更多的数字包容，利用普惠便民的技术以弥补数字鸿沟。此外，数字化变革推动政府职能转变和制度改革。数字化一站式公共服

---

① 周煜：《智能化时代美国老年数字鸿沟的现状与启示》，《国外社会科学》2022年第6期。

务利用大数据为群众和企业提供个性化的定制服务。例如，政府利用大数据作为基础预测群众的需求，彻底改变了群众找政府的现象，而是让数据和政府提前找到需要服务的群众，利用线上平台提供公共服务。例如，支付宝平台从提供支付服务开始，通过开放平台战略，不断引入数字金融、政务民生、本地生活等各领域服务方，为居民提供便捷的数字生活服务，聚合了大量的政务服务、公共服务和准公共服务，以及依托平台的流量、信用能力等所产生的公益服务，从生活缴费、社保公积金、到电子结婚证，都可以在支付宝平台上办理。截至目前，超过一半的中国家庭通过支付宝完成办事缴费，超过8000种公共服务在支付宝上线。其中，中国有超过300个城市、3500家医院通过支付宝给患者提供线上挂号、在线缴费、报告查询等服务。这不但便利了居民生活，也节省了大量社会成本，推动了生活服务的普惠。

第四，组合式创新方面，数实融合场景不断深化拓展。数字化对服务业发展的作用主要体现在要素集约、业态集聚、功能集成、流量集中等方面，这都可以更好地促进实体经济发展，反过来又推动服务业进一步创新。[1] 一方面，数实融合促进服务业创新发展。数字化能重构现代化服务业新型产业链，在数字化发展模式下，服务业多元发展是产业重构的重要体现。如今，各种在线服务云办公、远程教育、远程医疗等新型服务形式涌现，甚至出现了将数据作为生产要素和服务内容的虚拟服务，比如虚拟偶像、线上演唱会、VR（虚拟现实技术）、NFT（数

---

① 谭洪波、夏杰长：《数字贸易重塑产业集聚理论与模式——从地理集聚到线上集聚》，《财经问题研究》2022年第6期。

字藏品）等。另一方面，数实融合可以促进实体经济创新发展。近些年，数字经济的强势崛起，数字技术与实体经济继续深度融合，并向产业、消费、公共服务等领域不断渗透。数字产业链、供应链则纵向贯通了产品的生命周期，出现了跨界融合的多层次服务，促进服务业与制造业的融合，让个性化、定制化的生产应运而生。数字经济和服务业高质量发展不仅可以提升服务业生产率，还可以通过数实融合拉动制造业生产率。数字技术与实体经济深度融合，进一步推动了制造业发展。很多地方产业发展实践表明，用以"虚"促"实"的方法，极大推动了以制造业为核心的实体经济朝着数字化、智慧化和绿色化方向发展。一是数字化为实体经济开拓新空间。产业数字化重塑产业分工协作新模式，产业间技术不断提升。数字平台化打造新生态、新业态、新模式，让产业转型升级充满活力，让经济增长充满动力，为企业提供数据支持，为用户提供个性化的服务。此外，数字经济为企业征信提供了新的辅助证据。金融机构能更好地为企业服务，提供贷款资金，为企业解决资金问题。二是智慧化提高实体经济生产效率。数字技术可以优化资源配置，扩张经济规模。实体经济由生产、经营、流通、服务等对接环节组成，而数字化能提升各个环节间的沟通效率、流通效率、生产效率和服务效率。[①] 数字资源配置的不断扩大，让全社会、全行业资源配置效率也不断提高。在全球竞争越发激烈的数字经济时代，数字经济的进步源于实体经济的发展，而实体经济的发展立足于制造业的稳步前进。只有依托数字技术打造

---

① 刘诚、夏杰长：《线上市场、数字平台与资源配置效率：价格机制与数据机制的作用》，《中国工业经济》2023年第7期。

更高水平、更有竞争力的先进制造业，才能在国际竞争中拔得头筹。特别要指出的是，产业数字化的发展前沿在于生产性服务业数字化。因为产业数字化以下一代数字技术为支撑和指导，数据是其载体，释放价值是其关键，数据赋能是其重点，对产业链的上下游要素进行数字化升级、转型和重组的过程，都离不开生产性服务业的数字化。①

第五，贸易创新上，数字化可以提升服务贸易效益。数字经济下的信息通信技术能力越强，服务业进口技术溢出效应越显著，从而加大产业国际竞争力的影响。数字经济的加速发展使中国服务业"走出去"的规模不断增大，质量不断提高。服务业"走出去"与数字化发展密不可分。这是因为，数字化改变了传统的服务贸易方式，扩大了服务贸易的市场空间，为服务业企业"走出去"提供了更加丰富的路径。数字化连接了海量数据和用户，为远程服务提供了较低的边际成本，对跨境贸易的附加成本很小。尤其是研发服务和众包平台，不仅可以提供超越时空的服务，还可以更好地利用全球资源以提供优质服务。总之，数字技术的引入在一定程度上有望能打破鲍莫尔—富克斯假说。虽然数字化引领了科技创新新趋势，催生了现代服务新业态、新模式，但同时也暴露出一些短板。一方面，在一些基础性、关键性的领域，中国数字经济发展水平和质量与发达国家相比还存在较大差距。另一方面，中国数字经济发展的总体增长速度较为显著，但不同地域间、产业间涉及数字经济发展的强度不一，还存在资源不平衡、发展不充分的问题。

---

① 夏杰长、袁航：《数字经济、要素市场化与中国产业结构转型升级》，《广东社会科学》2023年第4期。

比如，在不同体量的平台之间、东西部地区之间抑或不同发展速度的城市之间都存在着数字鸿沟。

三 为服务业数字化转型营造良好生态体系

第一，加大改革力度，为服务业数字化转型营造更加宽松的制度环境。在市场化程度不高、社会信任不足的转型经济体中，在信息成本高、交易风险大的行业领域中，价格机制的作用更容易被扭曲，而数据机制可以发挥更大的潜力，从而"孕育"出大量数字经济业态和模式的创新。只有加快要素市场化改革进程，不断推动制度、组织和文化体系的适应性变迁，发挥好制度、组织和文化对于数字技术应用的界定和动能作用，为数字技术应用提供更好的基础环境，才能不断释放数字经济红利，畅通数字经济推动产业结构转型升级的作用渠道，有效实现数字技术对服务业数字化的支撑功能。

第二，引导社会资源向服务业未来创新领域集中，把握创新发展机遇。培养劳动者的技能，政府可以与企业合作，开展劳动者新能力培训，还可以通过调整学校课程，培养学生数字化技能，打造真正从毕业到就业的通道。鼓励社会资本从事数据密集型行业的研发、咨询和投融资活动，对具有公共研发平台属性等特定领域的风险投资给予一定的政策倾斜。在国家重点产业目录、省市产业发展规划等产业政策中释放积极信号，在人工智能与智能网联汽车、区块链与数字人民币、数实融合、跨境电商等领域加大全国性试点任务，并鼓励各地自发开展相关试点。

第三，加快数字社会建设，积极谋划数字社会建设行动方案。数字社会是继农业社会、工业社会、信息社会过渡后的崭新社会形态。《中华人民共和国国民经济和社会发展第十四个五年规划和2035年远景目标纲要》对数字社会建设图景作出展望，提出"加快数字社会建设步伐"，"适应数字技术全面融入社会交往和日常生活新趋势，促进公共服务和社会运行方式创新，构筑全民畅享的数字生活"。数字社会建设是一项系统工程，既推动生产生活方式和社会运行方式变革，也涉及社会组织方式和利益格局调整。科学谋划和有效实施数字社会建设行动方案，不断提升公共服务均等化、普惠化、便捷化水平，我们必将迎来生活更加舒适、发展更有质量、治理更具效能、技术更加先进的数字社会。

(执笔人：夏杰长，中国社会科学院财经战略研究院副院长、中国市场学会会长、研究员)

融合发展促进生产性
服务业数字化转型

中国经济已经进入了服务业为主的发展阶段,① 服务业也已成为中国经济发展的重要引擎。在中国服务业发展规模不断扩大的同时,服务业的内部结构正由传统的劳动密集型向知识、技术密集型转变。② 其中,生产性服务业同步转型,快速发展。但也要看到,中国生产性服务业发展面临一系列的问题。首先,体量偏低。中国生产性服务业与欧美发达国家差距较大。欧美发达国家的生产性服务业占GDP的比重能够达到40%—50%,而中国生产性服务业占GDP的比重仅为15%—20%。其次,虽然中国生产力拥有强大的竞争力,中国已经位列全球工业产值第一名,但在一些高端制造领域,缺乏核心技术,受制于人。突破这些高端技术的研发活动在行业划分中属于科学研究和技术服务业,后者正是属于典型的生产性服务业。③ 中国生

---

① 江小涓、靳景:《数字技术提升经济效率:服务分工、产业协同和数实孪生》,《管理世界》2022年第12期。

② 李平、付一夫、张艳芳:《生产性服务业能成为中国经济高质量增长新动能吗》,《中国工业经济》2017年第12期。

③ 田野、夏杰长:《如何充分发挥服务业稳增长的关键作用》,《银行家》2023年第7期。

产性服务业需要高端化的发展。从国际上看，中国生产性服务业与制造业融合程度低于欧美发达国家。最后，生产性服务业作为服务业门类，依旧具有服务业"成本病"、远距离贸易约束、协调成本高等通病。当前，中国需要依托数字手段推动现代服务业同先进制造业深度融合，在中高端消费、创新引领、绿色低碳、共享经济、现代供应链、人力资本服务等领域培育新增长点、形成新动能，构建优质高效的服务业新体系。

一　典型事实

数字技术、数字经济的发展加快了技术融合，打破了产业间技术壁垒，使得不同产业能够形成共同的技术基础，[①] 实现跨组织的高频数据联系和供应链动态协同，进而重构产业链、价值链，形成先进制造业与生产性服务业的融合模式，推动生产性服务业数字化转型。

在数字技术蓬勃发展的背景下，深圳模德宝科技有限公司抓住了模具制造产业从传统手工作坊向自动化、智能化，高精度、高效率发展的机遇，通过发展数字化工厂、模云平台，为客户提供集"工业互联网＋智能制造"的数字化转型产品方案和产教融合为一体的服务方案，成为国内知名精密制造数字化工厂解决方案服务商。模德宝依托数字技术，从最初的的 IT、数字化工具到现在的 SaaS、工业互联网，形成了先进模具制造业与生产性服务业融合的发展模式，特别是打造了模云 SaaS·

[①] 矫萍、田仁秀、李苏苏：《数字经济驱动下粤港澳大湾区现代服务业与先进制造业的融合效应》，《科技管理研究》2023 年第 12 期。

天启系统，该系统采用云端部署方式，将设计、加工、智能检测等环节全过程串联起来，实现电极全生命周期管理，解决了传统模具制造业普遍存在的工作效率低、人力成本高、人为失误率高等问题，为众多精密制造企业提供了高质量服务，实现了作为生产性服务业企业的数字化转型。

产业互联网依托物联网、云计算、大数据、区块链、人工智能等数字技术，建设"公有云"基础设施，整合产业资源，重塑产业结构，推动制造业服务化与服务业制造化，以先进制造业与生产性服务业融合发展的模式，推动生产性服务业数字化转型。数据要素在其中发挥了重要作用。一方面，在新型产业链中，数据要素凭借其高融通性，与劳动、资本、技术等生产要素有机结合，发挥转换倍增效应与循环倍增效应，[①] 实现价值倍增。因此，生产性服务型企业能够以其优势生产要素切入数据要素流通链路，成为以新技术开发新劳动力的"要素价值型企业"。而在产业互联网中，"要素价值型"生产者不再泾渭分明，[②] 先进制造型企业与生产性服务型企业共享产业数据，共享新型生产要素，在产业云集群服务架构下协同发展，获得综合价值收益。例如，阿里云依托"ET工业大脑"平台，打造"产业云"。在该平台的支持下，江苏省内30家信息服务企业汇聚技术能力，为300家制造企业提供系统解决方案，推动大型、中型、小型企业的合作模式从简单的技术传递向可交易、可协作的服务生态转变，成功实现了生产性服务型企业资源整合，

---

① 欧阳日辉、刘昱宏：《数据要素发挥倍增效应的理论机制、制约因素与政策建议》，《财经问题研究》2023年11月24日网络首发。

② 《2022产业互联网发展报告》，2023年2月2日，中文互联网数据资讯网，http://www.199it.com/archives/1547374.html。

紧密联动，价值共创，收益共享。另一方面，产业云平台自身作为数据服务平台，也是生产性服务业同先进制造业融合发展模式下，生产性服务业数字化转型的成果。例如，华为云工业平台整合电子信息、装备制造等众多行业数据，通过EDS数据交换空间赋能制造型企业数字化转型；百望云通过构建自动化、智能化的商业社交网络，为不同行业的企业提供全场景数字化成长方案。

二 机理分析

1. 优化要素资源配置

数字技术催生了消费互联网、产业互联网等数字生态共同体，依托数字底座、智能引擎与生态链接，将不同种类的数据融合，将数据要素与其他生产要素融合。由此，数据要素能够充分发挥其跨界融合性，产生价值倍增效应。同时，数据要素自身作为生产要素，也能够充分发挥其虚拟替代性，融入产业链，改造产业链。总的来说，生产要素的良性互动、有效协同与结构优化，能够大大提升要素组合的乘数效应，为先进制造业与生产性服务业的融合发展奠定基础。[1]

技术融合、要素融合破除了产业壁垒，要素流动与资源配置推动了先进制造业与生产性服务业的融合。数字经济能够通过对要素的优化配置，促进创新链与产业链的有效衔接，进而

---

[1] 董驰、梁源源、王超：《数字经济赋能生产性服务业和制造业高质量融合发展研究》，《南都学坛》2023年第6期。

提高资源的有效利用程度与产业间的协调程度,①给予生产性服务业协同发展和数字化转型的动力。一方面,生产性服务业与先进制造业共享技术、人才以及新型生产要素,实现了更为灵活的资源获取;另一方面,生产性服务业通过与先进制造业、科技驱动型产业的合作,学习先进制造流程和智能化控制系统,获取先进的数字化管理模式、数字化业务模式和数字化发展模式。

2. 拓展经济发展空间

数字经济驱动的智能化升级不仅可以重塑传统服务业的业务流程和经营模式,还能创造新的服务领域和内容,形成更多的盈利点。②而产业融合又能够通过整合跨行业的资源,进一步拓展经济发展空间,推动生产性服务业数字化转型。具体来说,有以下三个方面。

一是降低数字化转型的技术的开发成本。数字技术打破了时空限制,有利于推动生产要素与服务资源实现物理空间与网络空间的联通,更大范围地实现资源要素扩散化配置,③使不同行业的创新成果能够在更广泛的范围内推广和应用。生产性服务业能够利用产业融合优势,通过共享先进技术的研发和应用成果,在一定程度上避免重复投入,降低其数字化转型的技术的开发成本。

二是生产成本的降低和溢价能力的提升。一方面,在数字

---

① 矫萍、田仁秀、李苏苏:《数字经济驱动下粤港澳大湾区现代服务业与先进制造业的融合效应》,《科技管理研究》2023年第12期。
② 姜晓丹、刘连臣、吴澄等:《新一代信息技术环境下现代服务业的数字化和智能化演进》,《计算机集成制造系统》2021年第11期。
③ 王欢芳等:《数字经济如何影响先进制造业与生产性服务业融合?》,《科学决策》2023年第5期。

技术的应用赋能下，传统服务业低效率、无法形成规模经济的基本性质和传统特征被彻底颠覆，服务业的分工和协作的效率得到提升，进而克服"鲍莫尔病"①，使得服务业获得规模经济。②另一方面，跨行业的融合使得企业在市场中能够获得更强大的品牌效应。先进制造业与生产性服务业的融合发展，为本就是向制造业提供中间投入的生产性服务业提供了更为全面的市场洞察和客户需求分析，进而提升其产品和服务的溢价能力。生产成本的降低和溢价能力的提升使得生产性服务业能够吸引更多客户，从而更好地推广和销售自身的数字化产品，扩大市场份额，形成有市场影响力的正向循环，使生产性服务业企业在数字化转型中获得市场有利地位。

三是需求侧的倒逼作用。数字经济与产业融合提高了生产性服务业对需求的响应速度与响应质量。数据共享和深度分析，使生产性服务业能够更高效地进行其业务流程，提供更快速、精准的服务，也使原本无法实现的交易得以实现，形成个性化消费需求的集聚效应。③这种需求端发展空间的拓展，能够倒逼供给侧的创新发展，促使生产性服务业与先进制造业进一步融合、升级，④助力生产性服务业数字化发展。

3. 提升产业链和供应链水平

数字经济下，产业融合通过推动产业链和供应链水平的提

---

① 谢旭升、严思屏：《劳动力成本抑制还是促进了服务业企业数字化转型？——兼论"鲍莫尔成本病"的克服》，《当代经济管理》2023年第12期。

② 李晓华：《数字技术与服务业"成本病"的克服》，《财经问题研究》2022年第11期。

③ 李帅娜、林婷：《数字化转型、专业化分工与服务业企业生产率——破解"生产率悖论"之谜》，《财贸研究》2023年第8期。

④ 曹小勇、李思儒：《数字经济推动服务业转型的机遇、挑战与路径研究——基于国内国际双循环新发展格局视角》，《河北经贸大学学报》2021年第5期。

升，为生产性服务业数字化转型创造更加有利的条件。其一，高度专业化的数字服务内化在产业链路上，能达到链上企业易于获得服务、服务企业易于寻找客户、头部企业为合作者赋信等多种效果，以同步高效的协同能力提升全产业链经济效率。[①]既推动了数字服务型生产性服务业发展，又推动了产业链路所连接的生产性服务业的数字化转型。其二，数字经济也促进了供应链的全面优化。在数字技术的加持下，生产范式发生变革，数字技术对实体产业可以进行精准化控制，分析和积累投入产出的最优配置，使数字经济条件下供需匹配有了新的内涵。[②]特别是在先进制造业与生产性服务业融合过程中，行业间、企业间信息的共享更加便捷，生产性服务业供应链上的各个环节能够更及时、准确地获取所需数字化信息，推动生产性服务型企业数字化发展。

4. 催生新业态和新模式

数字经济催生了一系列新的业态和商业模式。新业态和新模式通过创新引领，推动数字化技术在生产性服务业中的广泛应用。例如，产业互联网聚焦于各行各业高度细分、场景化的需求，可以在实体经济数字化转型中发挥"头雁"作用，[③]为生产性服务业提供更为广泛的数字化解决方案，推动生产性服务业数字化转型与全面升级。

---

① 江小涓、靳景：《数字技术提升经济效率：服务分工、产业协同和数实孪生》，《管理世界》2022年第12期。
② 白新华、李国英：《以数实融合提升产业链供应链韧性的现实思考》，《区域经济评论》2023年第6期。
③ 欧阳日辉：《数实融合的理论机理、典型事实与政策建议》，《改革与战略》2022年第5期。

三 存在的问题

1. 融合条件不成熟

融合条件不成熟是制约以数字经济为主要推动力，以先进制造业与生产性服务业融合为主要发展模式的生产性服务业数字化转型的因素。首先，在产业融合中，不同行业、不同企业难以形成统一的技术基础。不同行业、不同企业存在着不同的技术标准和不同的技术发展方向，这种差异会导致技术碎片化，从而削弱融合效应，使数字化转型的效果受到限制。其次，产业融合不仅涉及技术融合，还需要不同行业之间的文化价值融合。然而，由于生产性服务业和先进制造业等行业的文化差异，产业融合面临一系列问题。例如，制造业通常以效率为核心，而服务业注重客户体验和定制化服务。这种管理理念的差异可能使得在产业融合的模式下，生产性服务业企业在数字化转型过程中产生不同的发展路径，引发矛盾冲突。最后，先进制造业与生产性服务业为不同行业，不同行业法规政策的不一致也给产业融合带来了不确定性，进而可能无法以该模式推动生产性服务业数字化转型。

2. 融合动力不充足

在以数字经济为主要推动力，以先进制造业与生产性服务业融合为主要发展模式促进生产性服务业数字化转型中，会产生融合动力不充足的问题。技术壁垒使得数字化转型的融合动力受到限制。数据的共享是数字经济以产业融合的模式推动生产性服务业数字化转型的重要环节。然而，由于隐私保护、安全性等问题，跨行业间数据的共享难度较大，这阻碍了数字化技术在生产性服务业中的应用。

3. 数据要素和数字技术应用水平约束较多

在以数字经济为主要推动力,以先进制造业与生产性服务业融合为主要发展模式促进生产性服务业数字化转型中,数据要素和数字技术应用水平约束较多可能成为阻碍数字化转型的瓶颈。数据要素方面,不同产业之间数据的质量、标准、格式、存储方式存在差异,数据收集的精准度、实时性也存在差异,可能导致产业融合中跨行业数据整合变得复杂,数据不够准确和可靠,阻碍生产性服务业数字化转型的推进。数字技术应用水平方面,一些生产性服务业企业连接不到完善的数字化基础设施,例如云计算、大数据处理等,数字技术的应用受到制约。

4. 利益分配机制尚未理顺

在以数字经济为主要推动力,以先进制造业与生产性服务业融合为主要发展模式促进生产性服务业数字化转型中,会产生利益分配问题。其一是产业融合过程中,涉及各个参与方的利益分配问题。生产性服务业与先进制造业的合作可能因为利益分配不明确而受挫。一方面,数字化转型需要投入大量资源,包括技术、人才、资金等,各方可能争夺有限的资源,导致合作关系破裂。另一方面,数字化转型存在一定的风险,而不同行业对风险的容忍度不同。因此,在合作中如何分担风险也是关键问题。其二是数字化转型收益分配不明确。不同企业对于数字化转型的投资回报预期可能存在差异,这使得在融合过程中难以建立起一致的数字化投资规划。同时,数字化转型的价值难以直接量化,导致在合作中难以确定数字化转型的实际收益,影响各方对于投资的信心。

四　发展建议

第一，各级政府应积极优化数字基础设施，包括提升网络带宽、构建云计算平台、支持大数据存储与处理等，破解技术壁垒，积极推动数字底座建设，推动数据流通。同时，建立健全数据安全体系，保障数据的隐私和安全，推动数据安全共享，更好地保障生产性服务业企业数字化转型。

第二，积极鼓励建设产业融合示范区，通过政策支持、资金投入等方式，引导生产性服务业企业在这些区域同各行业合作发展，进行数字化创新与数字化转型实践。

第三，积极推动数字平台生态发展，充分发挥数字平台促进信息共享、资源整合以及产业融合的作用，推动产业链各环节创新协同发展，帮助生产性服务业更好地实现数字化转型。

第四，各方参与设计并实施数字化培训计划，建立人才培养基地，帮助生产性服务业从业人员掌握先进的数字技术与发展模式，满足生产性服务业数字化转型对高技能人才的需求。

(执笔人：欧阳日辉，中央财经大学中国互联网经济研究院副院长，中国市场学会副会长，研究员；王宇琛，中央财经大学经济学院研究助理)

服务业数字化与企业创新

熊彼特（Joseph Schumpeter）在《经济发展理论》中系统论述了创新，认为创新是把未曾有过的生产要素和生产条件的"新组合"引入生产体系，这种"新组合"的不断出现推动了社会发展和经济增长。基于"创新"和"新组合"这两个关键词，创新表现为引进新产品、采用新技术、开辟新市场、控制原材料的新供应来源，以及实现企业的新组织。服务业数字化本身就是新技术的应用，但在产业融合发展的生产网络经济中，服务业数字化是推动企业技术和产品创新的重要路径。

一 作用机制

（一）服务业数字化可以有效推动产业融合

企业创新路径中重要的一环是生产要素的新组合，在企业生产过程中不仅投入制造业产品，还会投入服务。制造业产品和服务产品的融合既是企业生产体系的重要表现，也是企业创新的重要表现，主要体现在产业融合效率和融合质量两个方面。

其一，服务业数字化可以有效助推产业融合效率。产业融合发展既是企业由产品制造向服务提供转变的过程，也反映了制造业产品中服务增加值嵌入的程度。从生产时序来看，产业融合可以分为制造业产品产出服务化和制造业投入服务化，产出服务化是指单纯的设备制造商向制造服务综合提供商的方向转变，伴随着这种转变，服务环节在制造业价值链中的作用越来越大，它是企业性质融合的一种新形态；制造业投入服务化是侧重于制造业企业生产的过程，刻画了服务业对制造业生产环节的支持。

制造业投入服务化对企业创新能力的推动作用主要表现在技术外溢和学习效应两个方面。制造业投入服务化反映了制造业和服务业的产业融合，特别是以高质量的人力资本和知识资本为主要内容的生产性服务业嵌入制造业价值链后，可产生直接的技术外溢，从而促进企业创新。服务投入（特别是现代服务投入，如软件信息服务）对专业化技术要求较高，服务投入为企业提供了专业化学习机会。中间服务投入（特别是服务外包）给企业提供了向服务专业程度较高的企业学习比较优势经验和技术的机会，从而提升了企业创新人力资本积累和创新能力。制造业投入服务化的影响体现在产品生产的组织、管理等方面，制造业投入服务化是企业内部决策优化的外部表现，对企业内部组织结构和部门间协调管理能力有较重要的影响。服务外包不仅可以直接降低经营管理成本，而且带来"干中学"效应，提高企业的创新能力。

其二，服务业数字化可以有效提升产业融合质量。近年来，中国产业融合发展取得十足进步，但仍面临发展不平衡、协同性不强和深度不够等问题。2019 年，国家发改委等部门印发《关于推动先进制造业和现代服务业深度融合发展的实施意见》，旨在通过"链条延伸、技术渗透……推动先进制造业和现代服务业相融相长、耦合共生"，使"企业生产性服务投入逐步提高……两业融合成为推动制造业高质量发展的重要支撑"。

制造业企业生产优化决策下,生产投入的服务质量被视为研发投入的替代性投入要素,投入服务质量和研发的相对成本影响企业的研发投入决策,从而影响到企业的创新表现。高质量服务的边际产出大于低质量服务的边际产出,企业优化生产决策下,投入服务质量越高,研发投入的相对边际产出越低,即相对生产成本越大。因此,服务质量对研发投入有替代性关系,产生挤出效应,对企业创新有负向抑制效应。企业的技术吸收能力会影响到生产投入的服务质量和企业创新之间的关系。随着企业技术吸收能力的增强,传统制造业企业在融入高质量服务要素投入过程中,可以将主要精力和资源聚焦在产品技术含量和质量提升中去,有助于企业提高实质性创新能力。

综上所述,服务业数字化的发展,可以促进信息服务、平台经济服务等融入制造业企业的生产和销售中,把服务业数字化内嵌的技术传递到制造业生产链;服务业数字化发展,可以有效提升产品生产的组织和管理水平;有助于企业提升服务投入质量,降低生产成本,并可以借助服务业数字化更好地提升企业的技术吸收能力,进而推动企业创新。

(二)服务业数字化促进思想交流,推动企业创新

2022年11月4日晚,习近平总书记在第五届中国国际进口博览会开幕式上的致辞中明确提出,"以开放汇合作之力、以开放聚创新之势"[①],其意味着要通过开放合作交流促进创新和推

[①] 习近平:《共创开放繁荣的美好未来——在第五届中国国际进口博览会开幕式上的致辞》,《人民日报》2022年11月5日第2版。

动发展。企业创新"新组合"不断涌现的过程中，投入要素主体间的创新思想交流，即使没有生产投入关联，也可能有其他各种形式的连接而产生创新思想交流。卢卡斯（Robert Lucas）认为这是继人力资本和技术进步后理解经济增长的第三个重要机制。也就是说，思想交流有助于推动企业创新。服务业数字化会降低市场主体的交流成本，便利化创新交流，即服务业数字化通过促进创新思想交流而推动企业创新。

其一，企业间生产投入关联会促进上下游企业的创新思想交流。随着技术进步，经济部门之间生产关联日益密切，生产投入部门的结构也不断变迁。生产投入结构变动直接影响到创新向生产率的转化，生产投入结构变动也会影响到产品价格，生产网络经济中，价格传递到其他部门，进而影响到本部门的生产投入结构变动，再进一步影响到企业创新。中间投入品内嵌了该部门的技术，使用该产品的部门有直接的技术溢出效应。从全球生产视角来看，进口投入中间品有利于提升中国企业的创新发展水平，促进传统产业升级换代。从全球来看，中间品贸易在全球贸易中已占据重要的地位，中间品内嵌了出口国家的技术水平，中间品贸易是技术扩散和转移的重要形式，而企业生产率提升是产业升级换代的重要表现。

笔者的最新研究表明，生产投入结构变动会影响企业创新的生产率转化以及产品生产成本，又分别直接和间接影响企业创新。技术溢出反映了生产网络中部门间的技术关联程度，技术溢出越高则越有助于生产投入结构变动以促进企业创新。市场扭曲程度越大，越不利于生产投入结构变动以激励企业创新。投入中间品内嵌技术提升可以降低企业成本从而增加利润，企业生产优化选择下会增加创新投入，直接影响企业生产率。内嵌技术提升影响企业进口产品种类选择，进口种类的选择又影响企业利润，进一步影响企业创新投入，从而对企业生产率产生间接影响。企业技术的吸收能力影响进口中间品内嵌技术向企业生产率的转化，当企业技术吸收能力较强时，则有利于内嵌技术提升以促进企业创新。

其二，非生产性关联的社会网络也会促进创新思想交流，生产关联构成的生产网络会强化交流效应，共同推动企业创新。企业主体间广泛存在非生产性关联，比如企业间研究合作、沙龙聚会、行业会议等。非生产关联的思想交流会启迪创新灵感的获取，特别是创新水平较低的企业可以向创新水平高的企业学习。微观企业生产时投入生产网络经济中其他部门产品作为中间品，该中间产品内嵌了其生产部门的创新思想，启迪使用该产品的企业获得创新灵感。微观企业之间可以直接产生非生产性关联，这一过程中的交流产生创新灵感。即使没有直接或者间接参与全球生产，只要和参与全球生产的企业产生了非生产性关联，则全球生产仍然会影响到这些企业的创新。也就是说，非生产性关联补充了生产投入关联形成的生产网络，为企业提供了创新灵感新的流动渠道。

企业间非生产性关联构成的社会网络和企业生产投入形成的生产网络共同构成了广义经济网络，创新思想在广义经济网络中流动也促进了企业创新。生产网络强化了非生产性关联带来创新思想流动，共同对企业创新产生了一般均衡促进效应。交流对象生产率越高，越容易促进创新思想流动，进而对企业创新的效应更强，参与全球生产有利于创新思想流动，可有效推动企业创新。

综上所述，服务业数字化通过生产关联和非生产性关联在推动企业创新方面发挥了重要作用。一是可以为企业生产投入选择降低信息摩擦和搜寻成本，有效帮助企业调整生产投入组合。二是服务业数字化研究可以帮助企业更好地参与全球生产，进口内嵌生产率更高的国外中间品，并可以有效应对产品出口风险冲击。三是可以有效促进企业在市场中与其他市场主体或科研院所的创新思想交流，并与生产网络结合，共同推动企业创新。

二 政策建议

第一，以服务业数字化推动制造业和服务业融合发展，并高度重视投入服务的质量。两业融合是增强制造业核心竞争力、培育现代产业体系、实现高质量发展的重要途径。两业融合过程中更重视投入的服务质量，而非单纯服务要素的数量。生产投入的服务质量不仅是推动制造业高质量发展的内在要求，也是经济高质量发展的重要内容。从质量视角考察先进制造业和现代服务业融合发展具有至关重要的意义。重视现代服务业高质量发展，特别是信息技术、研发等服务行业发展，推动制造业和服务业高质量融合发展。两业融合发展要充分重视信息技术等现代服务业的引领作用，推动创新，驱动制造业高质量发展。批发零售、交通运输等传统服务业也要加强利用现代信息技术等提升服务质量，加快与制造业融合发展。

第二，以服务业数字化推进市场一体化，降低市场分割，扩大企业生产投入可选择集合。扩大企业生产过程中的投入集合选择会激励企业创新，推进市场一体化，减少产业循环障碍，推动整个经济的创新水平提升。进一步通畅生产、分配、流通、消费的供应和需求体系，势必会有助于推进国内国际"双循环"新发展格局的构建。各级政府要充分认识到推进市场一体化、降低市场分割并非单方面受益，而是互惠互利的重要举措。充分利用现代信息技术，各类平台推介和引入新产品，扩大需求与建立有效供给体系相结合，为企业创新发展提供基础保障。合理限制行业垄断水平，优化营商环境，提高市场竞争程度。生产网络中，微观部门的垄断不仅直接影响到本部门产品价格，而且会通过生产网络价格传递到使用该产品的部门，然后再不断传递。政府相关部门应该加强反垄断措施，提高市场化水平，这是降低企业运营成本、激励企业创新的一个重要路径。

第三，就服务业数字化推动产业关联畅通与企业创新制定针对性政策，引导发展对整个经济发展至关重要的产业。持续采取税收优惠、便捷专利申报、合理制定市场准入规范等措施激励企业创新，促进产业升级。企业创新对经济高质量发展至关重要，生产网络理论分析中的逻辑前提是创新效率或创新政策冲击，从而推进生产投入结构变动，进而激励整个经济中其他部门的企业创新。税收优惠、研发费用加计扣除等都是生产网络中企业创新的第一推动力。对生产网络中至关重要的"卡脖子"行业给予重点支持，重点带动，全面发展，激励市场中企业创新，提升整个经济的创新水平。之所以生产投入的服务质量对创新投入有挤出效应，重要原因就是创新投入的价格没有反映出要素市场的价值。深化劳动力和资本要素市场改革，实现创新要素投入成本和市场价值的匹配，发挥要素市场的配置作用，可有效降低生产投入服务质量对创新投入的挤出效应。

第四，深化对外开放，打造对外开放新高地，发挥服务业数字化作用，推动企业融入全球生产。当前逆全球化趋势抬头，在中国保持开放政策不变的基础上，要重视国内服务业高质量发展，推动制造业企业创新。生产网络是思想流动的重要渠道，而且参与全球生产更有助于加强思想流动，更有利于促进企业创新。这意味着继续深化对外开放，鼓励企业参与全球生产。准确认识并协调平衡国产替代与国际进口的关系。国产替代有助于提高国家科技安全，但国际进口有助于国际交流与国际竞争。两者不是非此即彼的替代关系，而是互补关系。在改革中深化开放，为完善制度提供根本性保障。特别是深化服务、人才等要素流动型开放，推进制度和规则建设，完善市场准入和监管、产权保护等法治建设，加快营造市场化、法治化、国际化的营商环境。鼓励企业"走出去"，为企业"走出去"参与全球生产提供制度保障和便利性服务。参与全球合作与竞争，在竞争与合作中加强思想交流，提升企业创新能力。持续扩大对外开放水平和力度，促进国内外科技、文化、经贸等交流。

（执笔人：刘维刚，中国农业大学经济管理学院副教授，中国市场学会副秘书长）

消 费 篇

以数字经济促进消费扩大和升级

数字经济与消费创新已形成历史性交汇,为中国消费扩大和升级注入了强劲动力。随着数字经济的不断发展,网络直播、兴趣电商等新业态新模式接连涌现,深刻改变了人们的生活方式、消费习惯和信息获取方式等,对消费发展影响深远。

一 数字经济发展进入新阶段

总体上看,中国数字经济不断向纵深发展,呈现三个方面的新特点。

一是数据资源成为新的生产要素。随着数据挖掘、数据算法等技术的不断进步,数据作为一种生产要素从物质资本中剥离,进入生产函数。与劳动、资本等传统要素不同,数据具有非稀缺性、非均质性和非排他性的特征,在与其他生产要素的互动融合中,能够优化要素投入结构、提高要素配置效率,从而推动社会生产力实现飞跃。

二是数字技术应用从需求端贯通到供给端。数字技术的大规模应用从围绕海量个性化消费需求的精准洞察、捕捉以及场景营造,向上游的物流配送、生产制造、研发设计等环节加速渗透和延伸，支撑了"小单快反"等柔性生产模式快速发展，促进了商品品种增加、品质提升以及品牌打造，实现了对需求的快速响应和更好满足，成为形成"需求牵引供给、供给创造需求"的更高水平动态平衡的有力抓手。

三是平台合规竞争成为共识和明确要求。近年来，中国网民增速持续放缓，2022年网民规模接近10.7亿人，比2021年增长3.4%，增速回落0.9个百分点。网民人均每周上网时长为26.7个小时，即时通信、网络视频、网络支付的网民使用率超过85%。随着互联网渗透率接近饱和，平台企业逐步走向存量市场的竞争，而在平台经济常态化监管的要求下，平台合规竞争成为必然。长远来看，这有利于推动平台经济高质量可持续发展。

二 数字经济新阶段消费扩大和升级呈现新趋势

第一，线上服务消费对总消费产生净增效应。随着收入水平的提高，居民消费从有形商品为主转向更多的服务，服务消费成为消费增长的主要来源。虽然受疫情的冲击，居民紧缩了消费开支，但数字经济的发展客观上加快了这一进程。疫情三年，居民人均服务消费占整个消费支出的比重波动回落，但2022年服务消费支出占比仍达到43.2%，比2017年上升0.6个百分点。对比一些发达国家，同期美国居民服务消费占比下降2.6个百分点。更重要的是，数字经济的深入发展不是简单地将线下消费转移到线上，而是通过生活服务电商平台的发展，大大拓宽了商户提供服务的半径，满足了消费者不同时段以及特定场景的需求，从而促进了消费潜力的释放，拓展了服务消费的增量空间。以美团为例,据测算,全国272个地级以上城市中开通外卖配送服务后,三年的社会消费品零售总额年均增速比开通前三年提高了13.8%。

第二,网络直播内容边界大幅拓展。2022年,中国网络直播用户规模超过7.5亿人,比2021年增长6.7%,比2018年增长89.2%。目前,网络直播的内容边界已经从休闲娱乐、电商拓展到教育、旅游、文化艺术和公益环保等,成为疫情以来许多企业数字化发展的基础能力和标配。网络直播作为兼具很强互动性和即时性的内容传播渠道,打破了线下渠道的时空限制,吸引了很多新受众,特别是消费者在与主播的实时互动中获得讲解、点评等额外服务,并根据主播内容的质量来决定打赏额度,获得了更加自主的消费体验。"播"与"赏"的有效互动,客观上也促进了优质内容的生产。以抖音为例,2022年该平台直播间共有超过3200万场演出,传统文化类演出开播场次比2021年增长2倍多,主播总数增长1.6倍,其中戏曲直播超过80万场,累计看播25亿多人次。

第三,年轻群体引领沉浸式国潮消费。2022年,中国"90后""00后"年轻人约3.5亿人,该群体成长在物质生活日益宽裕和互联网快速普及的时代,更加注重从消费中获得精神情感的满足,同时也更加自信和开放,是最具创新活力的消费人群,也是近年来国潮消费的主力群体。随着数字经济的深入发展,国潮消费的内涵不断丰富,从最初的食品、服装、日用品等领域老字号品牌焕发生机,到手机、汽车等高科技领域孕育产生新品牌,再到近年来不少地方文化旅游项目建设时,通过数字技术将特色传统文化注入景观、演艺、餐饮、服饰、文化创意产品中,形成了全方位沉浸式的体验。年轻群体对国潮的消费需求越来越追求个性和悦己,以兴趣为导向进行消费的特点更为突出。

第四,低龄老年群体涉足数字经济成为常态。得益于互联网应用适老化改造取得的初步成效,越来越多的老年人特别是70岁以下低龄老人逐步可以相对便捷地操作常用应用程序。2022年,中国60岁及以上老年网民规模超过1.5亿人,占网民总数的比重为14.3%,比2021年上升2.8个百分点;老年群体对网络支付的使用率达到70.7%,与整体网民的差距比2021年缩小2.2个百分点。同时,受疫情影响,许多老年人的消费习惯发生了深刻改变,愿意尝试新的消费方式,已成为线上消费特别是网络购物的新力量。目前,老年人购买家用小型医疗器械占比高,日常食用的营养保健品和传统滋补品消费增长迅速。另外,网络视频对老年群体上网起到有力的促进作用。据统计,有31.3%的网龄不足一年的老年人表示第一次上网是看短视频。

第五,农村居民消费相比于城市居民消费呈差异化追赶特征。收入的持续较快增长以及数字乡村的加快建设,有力促进了农村居民消费的梯次升级。2022年,中国农村居民平均每百户家用汽车拥有量为32.4辆,虽然只相当于城镇居民2015年、2016年的水平,但比2021年增速高于城镇居民4.7个百分点;农村居民平均每百户电冰箱拥有量为103.9台,接近城镇居民2021年的水平,两者均实现了饱和。另外还要看到,农村居民的消费追赶也具有自身特性。例如,农村居民对于大容量冰箱、大屏幕电视的需求增长明显更快,在家电升级换代中更加看重商品的功能性。

三 把握数字经济促进消费扩大和升级的着力点

首先,提升多元化供给体系的适应性和创新力。持续推进数字化从需求端向供给端延伸,从单点突破向全链条扩散覆盖。鼓励互联网平台通过数据要素的深入挖掘和算法推荐技术的合理应用,帮助企业及时捕捉不同年龄、不同类型的消费新需求,降低产品测试成本。大力推广应用柔性化、智能化生产模式,弥补质量短板,突破标准瓶颈,融入国潮元素,提升产能灵活转换和快速响应能力,以高质量供给满足和创造新需求,推动形成供需互促、产销并进的良性循环。积极搭建多样化对接机制,支持互联网平台加强对中小商户的线上运营、融资等服务。

其次,加强消费相关基础设施系统化和智能化建设。以消费升级需求为导向,建立健全政府引导与市场主导相结合的投资模式,加快布局和建设5G、物联网、人工智能等新型基础设施,带动下游应用市场,融合部署交通、能源、市政等设施建设。支持社会力量参与文化、旅游、体育、健康、养老、教育等领域基础设施建设。加强交通场站与商业街区、旅游景点、文体场馆等消费空间的连通性,改造提升适应消费新业态新模式需要的商业基础设施。

再次,完善线上线下融合互动的消费环境。支持开展各类特色消费节庆活动,进一步丰富数字化消费场景,探索推行场景内跨业态消费积分互通互兑,促进商品消费与服务消费相互转化和带动。

最后,增强相关政策措施的系统性和协同性。优化平台经济准入规则,完善包容审慎监管规则,促进平台企业在规范中创新发展。进一步放宽文化、体育、健康、养老、教育等领域准入限制，推动"非禁即入"普遍落实。着力推进照后减证并证，建立健全简约高效、公正透明的行业准营规则。提升政务数据资源开放共享水平，搭建技术数据资源平台和面向更多行业的数据资源共享平台，形成多元化创新应用场景。加大对消费品制造和消费性服务行业中小企业数字化改造的资金支持，形成可复制推广的典型模式，促进专精特新发展。加大网络消费维权力度，健全小额诉讼救济机制。

（执笔人：刘涛，国务院发展研究中心市场经济研究所副所长、研究员）

数字服务消费权益和消费安全

伴随新一代数字技术的广泛应用、新业态数据要素的高效利用、新模式数字平台的共建共享以及新型基础设施的全面铺设，服务业数字化转型升级正在加速推进。服务消费在数字化推动下扭转消费疲软态势，彰显出经济韧性和消费潜力。但是，数字经济的快速发展使消费者的数据隐私、权益保护和消费安全的问题日益凸显，需要高度重视，采取切实措施，保护好数字服务消费权益，维护消费安全。

一 服务业数字化彰显出经济韧性和消费潜力

当前，服务业重要性日益凸显。2023年前三季度，国内生产总值为91.30万亿元，同比增长5.2%。其中，服务业增加值为50.29万亿元，同比增长6.0%，在刺激经济恢复和带动经济增长中发挥重要作用。自经济运行恢复常态以来，消费对经济增长的"压舱石"作用明显，节假日因素带动消费市场稳步恢复，线下客流量的回升带动服务消费较快恢复。2023年前三季度，社会消费品零售总额34.21万亿元，同比增长6.8%，服务零售额同比增长18.9%，最终消费支出对经济增长贡献率达到

83.2%，拉动GDP增长4.4%，服务消费呈现出反弹和恢复的良好态势，对经济增长发挥了重要支撑作用。

此外，网上零售也呈现较快增幅，2023年前三季度，全国网上零售额同比增长11.6%，远超社会消费品零售总额增速。具体来看，实物商品网上零售额为9.04万亿元，同比增长8.9%，对社会消费品零售总额增长贡献率达33.9%。在数字技术赋能下，直播电商等新业态借力数字化发展势头强劲。商务部数据显示，2023年前三季度，170家国家电子商务示范基地中有151家建立了直播基地，全国直播电商销售额达1.98万亿元，增长60.6%，占网络零售额的18.3%，直播电商拉动网络零售增长7.7个百分点。服务业数字化赋予消费增长新动能，有望深度挖掘消费潜力。

二 数字时代消费者数据隐私安全与权益受损问题凸显

这些年，以电子商务为主要代表的数字经济催生了新的数字生产和生活模式，重塑了消费场景和零售渠道，以5G、AI、大数据、云计算和区块链等为代表的数字技术加快了服务业数字化发展新步伐。然而，服务业数字化提振消费在无形中威胁着消费者的数据隐私安全和权益，有别于传统经济领域，数字经济消费尤其注重个人信息权益和数据安全权益。

中国质量协会发布的数字经济服务质量满意度指数在2019—2022年持续提升，2022年的数字经济保护指数为84.3分，同比提高5.8分，达到历史新高，这主要得益于相继出台的《电子商务法》《数据安全法》《个人信息保护法》均重视消费者权益保护，使数字经济服务形式下的消费者安全感得到有效保障。但个人隐私保护、维权效率和维权渠道依然是消费痛点，消费者满意度仍需提高。根据国家市场监督管理总局的数据，2022年全国市场监管部门共受理消费者投诉、举报和咨询2940.77万件，同比增长23.5%，并且主要集中在东部地区，一定程度上反映了消费供给侧发展的不平衡，需要进一步推动更高质量、更加平衡的发展。

此外，在线购物问题也日益凸显。其中，售后服务问题增长最快，消费者反应最强烈，同比增长57.67%，而售后服务状况与经营者信心与预期直接相关。数字时代，新消费热点不断涌现，伴随引发的消费纠纷以及维权问题也更加突出，例如数字藏品、盲盒等相关模式下的消费者隐私和权益保护难度激增。此外，"刷单返利""杀猪盘""贷款"等网络诈骗风险严重影响消费意愿和数字消费信心。

三 数字时代消费者权益和消费安全受损问题成因

数字经济是把双刃剑，其在提高服务效率的同时也加剧了个人信息泄露的风险，提高了消费者的维权成本，主要原因有数字时代消费群体权益保护意识和能力不足，企业凭借技术优势迫使消费者处于劣势地位，现行消费者保护法律制度难以提供有效保护，权衡数据隐私利益与其他利益冲突的处理方法缺乏等方面。

1. 数字时代消费群体权益保护意识和能力不足

不同于传统服务消费，数字消费技术含量更高，且属于非接触式消费，消费过程中多存在过度收集用户信息、侵害消费者隐私、虚假售后、消费套路、隐形消费、交易安全、霸王条款等损害消费者权益的情况，因此需要一定的学习成本以及辨别能力。

但中国存在相当数量的身心发育未成熟、正确消费观未形成、网络不良信息抵制能力不强的未成年消费者，以及新兴产品认知不足、信息分辨和风险防范能力弱的老年消费者。他们对于数字化产品或基于数字化平台的产品辨识能力明显不足，难免会因此意识不到自身数字权益的损害。并且已有数据显示，中国未成年人接触互联网的低龄化趋势日趋明显，宽带和5G基站在全国范围的大规模铺设也让很多老年人接触到了互联网，但他们对数字权益的感知度较低，更易轻信虚假宣传，遭受诱导消费甚至是诈骗。消费者调查数据显示，有53.1%的老年人希望提升交易安全水平。

此外，面对错综复杂的消费模式和营销手段，大多数消费者非常容易因为贪图便宜、好奇、抱着试一试的心态去尝试，因缺乏自我防范和防骗意识以及隐私和权益保护意识而落入消费陷阱，从而被套路、侵害权益甚至被诈骗。

2. 企业凭借技术优势迫使消费者处于劣势地位

数字化服务和产品通过数字技术使交易方式虚拟化，导致数字产品主体呈现"不可识别"特征，而数字产品呈现高技术性、程序性和虚拟性等特征，由此使企业更具信息和技术优势，形成消费者处于弱势的利益格局。

企业利用数字平台过度收集消费者个人信息，并且在根据消费者偏好信息为消费者提供产品和服务的同时，利用大数据杀熟、实时变换交易条件、隐瞒优惠门槛条件、非会员优惠大于会员优惠等手段侵害消费者权益。技术强权使消费者在消费中所处地位更显弱势。一方面，消费者面对的是由数字构成的经营者主体，全程基本通过虚拟网络交流，消费者在消费时只能被迫接受或拒绝企业所提供的单一选择；另一方面，数字技术便利了企业对消费者个人信息的收集，企业可以通过大模型进行推荐，以此加强对消费者选择偏好和路径的控制。

此外，数字技术也让侵权方式更加隐蔽，跨域经营、非面对面交付的特征，以及后端的技术应用和复杂的消费链条，给侵权行为的发现和认定新添了一层"迷雾"，迫使消费者在不知不觉中就把自身权益让渡出去。

3. 数据隐私和其他利益间冲突的处理方法缺乏

在数据隐私和竞争不互补的情况下，数据隐私利益和其他利益之间可能存在分歧，对消费者福利的权衡会更复杂。例如，对数据隐私保护施加反垄断法干预就意味着限制部分数据的收集和使用，从而可能会导致消费者数据密集型市场竞争的减少，影响该领域的创新，因为数据获取和共享受到了限制。

隐私利益带来的质量提升固然可以增加消费者福利，但竞争、创新等其他利益的减损也将产生消费者福利损害的后果，故如何在数据隐私保护与其他利益特别是竞争之间进行权衡是一个难点。如果数字产品或服务以免费方式提供但以消费者隐私为成本，尤其是如果其产生的效益立竿见影，而损害是间接、渐进并且遮蔽起来的，执法机构可能难以评估其净价值。因此，在数字消费权益的某些方面的界定至今仍在讨论中。

此外，数字平台可能会对消费者隐私和个人数据保护等基本权利造成显著影响，而由于存在难以将侵害消费者隐私权益所造成的无形且非直接经济损害纳入讨论的困境，在此过程中，政府相关部门引导和规范消费者、企业和数字平台等各方行为的力度不够。

四 促进服务业消费者权益保护与消费安全的对策

在数字经济快速发展的过程中,如何构建新型数字安全生态、加强消费者权益保护等问题仍需进一步探索,构建良性消费环境和消费生态,提振消费信心,促进高质量消费,需要消费者、企业和政府多方共同努力。

1. 消费者加强权益保护意识并培养良好消费习惯

数字经济时代,消费者数据隐私和权益受损直接影响到消费者切身利益,消费者是防范侵权行为的第一道防线。

首先,消费者应当建立并加强自身权益保护意识。消费者应主动了解和学习消费者相关权益,积极维护自身享有的公平交易权、赔偿权、安全保障权、知情权、选择权和个人信息安全保障权等权利,在消费的过程中,时刻保持警惕,不要有贪图便宜的心理,了解并保留所购买产品和服务的消费条件、产品描述、责任划分和退货损失等重要消费信息,从官方渠道进行消费,保护个人信息。

其次,消费者应当培养良好的消费习惯和意识。数字时代,消费渠道和平台骤增,消费者应当对比多平台的产品和服务之后进行选择消费,对于含糊其辞的产品和服务介绍,在购买之前询问清楚并保留询问结果,从官方渠道下载软件,不要点击不明链接进行消费,坚决拒绝低于市场价格或者价值的产品和服务,保管好商品购买发票、合格证、质保卡、产品维修记录、产品质量检验证书等。

最后,消费者应当了解并利用相关法律和维权途径。消费陷阱和诈骗手段层出不穷，防不胜防，如有不慎，应当保留相关证据并第一时间寻求帮助，通过协商和解、平台介入、调解、投诉、仲裁、诉讼等方法维护自己的权利。

2. 企业积极创造清朗消费生态环境加强自我约束

消费者权益受损将导致其消费信心不振，降低消费欲望从而影响企业销售业绩，因此，企业应当积极创造清朗消费生态环境并加强自我约束，维护消费者权益最终实现双赢。

首先，企业要确保产品和服务质量水平。企业更加注重收益、用户积累和企业声誉，而提升产品和服务的质量水平是企业保护消费者权益的有效手段，企业要全面加强质量管理，完善质量标准，加强质量检测，优化市场环境，推动服务业高质量发展。

其次，企业要规范经营行为避免消费陷阱。规范健康可持续是数字经济高质量发展的迫切要求，企业应当秉承诚信经营理念，不虚假宣传，不以噱头诱导消费者落入消费陷阱，不假借文字游戏套路消费者，不设隐形消费，公开透明，让消费者放心消费。

最后，企业要加强自我约束积极营造清朗消费生态。企业要加强数字平台管理，不过度收集、利用、损害消费者数据隐私，规范自身行为，加强企业自我约束，自觉遵守道德、严格遵守相关法律法规，积极营造清朗的消费生态环境，主动承担起企业的社会责任，实现企业自身健康可持续发展，加强消费市场持续回暖动力，最终达到多方共赢的状态，推动经济高质量发展。

3. 政府健全法律制度加强平台管理引导良性消费

进入数字时代，政府要积极发挥主导作用，加快推进信息治理体系和信息治理能力建设，建立健全法律制度，加强企业监管力度，引导消费者积极消费，更好推进经济增长。

首先，政府要加强引导消费者保护权益维护消费安全。政府要倡导消费者加强保护自身消费权益、维护消费安全的意识，提高防范风险能力。政府应当主导各方共同参与提升消费者维护权益的服务水平，畅通消费者维权渠道，提高消费纠纷解决效率，多元化解消费争议，进一步提升消费者数字经济服务质量满意度。

其次，政府要强化约束规范企业营造良好消费生态。数字经济时代，大量新业态新模式快速涌现，政府应当强化企业经营管理规范，推进现代化市场监管，主导多方合力营造数字消费新生态，加强企业市场秩序综合治理。政府要根据服务业数字化特点，规范企业信息收集和使用秩序，完善消费安全管理制度，降低隐私泄露风险，营造良性消费生态。

最后，政府要完善法律制度加强制度保障。政府应当根据具体行为和情景来权衡相应法律领域中所涉利益的重要性，进而完善相关法律制度，减少法律漏洞，进一步建立健全消费安全管理体系，制定关于营造安全消费生态的政策文件，强化消费信用体系建设，加强数字监管体系建设，形成区域协同机制。实现个人防范、企业自我约束与政府监管的有机结合，切实保护消费者权益和消费安全，更好推动经济高质量发展。

（执笔人：曾世宏，湖南科技大学商学院教授、博士生导师；王晶华，湖南科技大学商学院博士研究生）

互联网平台拓展服务消费的特征与机制

互联网平台的兴起不仅使在线购物日益成为居民日常消费的重要渠道，也促成了消费特征历史性趋势的转变，推动消费者成为生产和价值创造过程的重要组成部分。在发展初期，平台及供应商仅将消费者视为消费群体，缺乏适当的渠道让消费者充分表达自己的喜好。Web 2.0 及 Web 3.0 使消费者正在成为生产过程的重要组成部分，企业与消费者之间日益形成顺畅的交流关系和协作环境。这种有利的环境促进了供给端与需求端的对接，实现了从被动型消费者到主动型消费者的过渡。用户对产品和服务过程的广泛参与和价值创新，已成为新发展格局中的重要经济现象；而互联网平台则既是消费的最普遍的场所，又是推动"消费内循环"的关键促进者。价值共创时代，平台对消费者、企业乃至城市和区域都产生了显著的影响，形成了一个协作环境，促进了供给端与需求端的对接；由创新供给匹配高层次的需求，有望形成需求带动供给，供给创造更高水平需求的动态平衡状态。

消费篇

一 消费特征的历史性变革与时代特征

(一) 价值共创时代消费特征的历史性变革

价值共创时代，平台"拥有"Web 2.0上的主要资源，用户是内容生产者，消费因而具有了资源丰裕、追求有效、信息透明、服务无偿等可将其视为一种全新经济模式的特征。

1. 从资源稀缺到资源丰裕

传统的经济模式，无论是生产者驱动还是消费者驱动，都是建立在稀缺性的基础上，但是在线消费正在打破这样的前提，在互联网上日益形成一个资源富足的世界。随着平台托管大量数字内容的成本急剧下降，人们花费越来越多的时间完成这些内容生产的任务，在平台上创建的内容得以几何级数增长。

2. 从追求效率到追求有效

在一个稀缺的世界中，经济是建立在理性之上的，主要关注的是利润最大化。而平台处于一个相对丰裕的市场上，平台上的用户作为内容生产者的报酬是无偿的且生产量很大，因此平台并不在乎其运作效率，或者多人将大量时间用于这些任务是否低效，也很少关注使生产效率和产量最大化的事情。平台重点着眼于提高有效性，即如何在几乎无限的资源中寻找有效的结果，更关注于创建有效的内容产品和服务。

3. 从施加控制到信息透明

在传统市场中，消费者和生产者之间的信息不对称非常普遍。平台具有减少对用户内容生产和消费进行干涉的动机，平台不关注消费者如何使用他们，而是将其以自己希望的方式使用，以使用户感到舒适和有用为出发点。用户充当生产者和影响者，通过社交渠道传播有关产品和服务的重要信息；通过用户参与，消费者可以在产品生产和服务递送过程中获得更大的透明度。

4. 从服务有偿到服务无偿

与其他活动不同，消费者在平台上进行的信息创建活动是一项无偿劳动，消费者免费提供海量的信息，消费者评论成为一种具有可提取剩余价值的生产性社会活动。一方面，平台并不为生产者的工作付费；另一方面，生产商很少为他们在社交网络、新闻、博客等平台上获取的内容支付相应成本。重要的是，消费者认为平台是设计和维护个人品牌的主要空间，消费者评论被视为对自己创造力或智力资本的投资，是一项可以为当前或未指明的未来收益而进行的活动。

（二）消费市场的趋势性特征

新时代构建新发展格局，需要牢牢把握扩大内需这一战略基点，在对当前消费的特点和趋势进行准确把握的基础上，加快培育完整的内需体系。

1. 中国进入消费驱动的新阶段

在以国内大循环为主体、国内国际"双循环"相互促进的新发展格局的大背景下，消费已成为驱动经济增长的关键力量。2023年上半年，随着消费信心的逐渐恢复，消费总体呈现恢复较快的态势，批发零售、旅游交通、餐饮住宿等接触性聚集型服务业增长明显，最终消费支出对经济增长的贡献率达到77.2%，经济增长主引擎的作用日益凸显。新时代新征程上，在扩大内需战略的推动下，居民消费潜力有望得到继续释放，消费升级势能持续增强，消费的基础性作用将持续发挥。

2. 服务消费是进一步挖掘内需的重点所在

畅通国内大循环、增加需求的内生动力，应紧紧围绕居民消费升级趋势展开。伴随着产业结构的优化和居民可支配收入水平的提高，中国服务消费比重不断接近商品消费。2013—2019年，中国的居民人均服务型消费支出从5246元增长到9886元，年均增长率达到11.1%，同期居民人均服务型消费支出占比也从39.7%提高到45.9%，增长超过6个百分点，呈现逐年稳步提高的态势。

3. 消费分级日益明显，体验式、个性化消费成为新刚需

在中国庞大的消费市场中，消费特征因收入、受教育程度、年龄、城市不同而差异明显，消费需求呈现明显的分层特征。一方面，服务消费市场更为细分，人群对于服务消费的多样化、差异化、个性化需求更加凸显；另一方面，平台信息与新技术的支撑，使当前消费者所追求的不仅是消费的产品本身，更多的是消费所带来的体验感。

二 理论机制

价值共创的大背景下，互联网平台成为企业吸收消费者创造性实践的服务价值生产方式。随着平台经济的不断普及，商品的平均需求弹性逐渐降低，平台的市场力量不断增强形成协作环境，使消费者从被动型转变为主动型，优化了服务消费价值链，提高了服务资源配置效率，满足了消费者对更好产品和服务的需求，不断赋能中国服务消费的创新发展。通过创新供给匹配高层次需求，形成需求带动供给、供给创造更高水平需求的动态平衡状态。平台通过链接效应、信任效应、赋能效应

和创新效应，打通服务堵点，释放消费需求潜力，实现供给与需求升级的协调共进。

（一）主体链接

新产品和新服务是经济发展的核心，正是通过生产者不断研发新产品，才能实现经济增长。平台通过提供大量可选择的产品和服务，形成无限的"虚拟库存"，使消费者能够用更低的成本搜寻到新产品和服务，从而提升消费能力。从扩大服务供给来看，平台拓展了服务的时间和半径，促进供需时空匹配，提升了服务企业的经营效率。由于服务时间和空间的有限性，难以同时接纳更多消费者，需要有效匹配需求和供给，对服务供给能力加以充分利用。以支付宝平台为例，作为用户数量达到10亿人的国民级平台，运行于其平台的小程序超过400万个，能够聚合更多的消费和需求。

（二）信任促进

平台企业作为连接服务消费供给方与需求方的中间组织，可以建立一个强信任机制，在降低服务消费过程复杂性的同时，提高消费者的服务消费意愿。服务作为一种"后验品"，购买决策被视为高风险，因此参考群体评估在购买决策过程中至关重要。互联网平台彻底改变了信任形成机制，同平台相关的信任涉及其管理服务市场的内在法规和法则，在这样的规则下相关各方相互关联、相互作用。以支付宝为例，芝麻信用具有全链路风险识别、后链路召回、全场景限权、按约奖惩等体系化能力，能够在需要信任的服务消费各主体之间形成信任机制，对需要押金等行业具有极大的促进作用。据统计，在出行、酒店住宿、旅游等领域芝麻免押已为上亿消费者累计免掉了4000亿元的押金。接入芝麻免押能力的商家，用户订单平均增长120%，客单价提高42%。

（三）数字化营销

随着平台渗透率的提高，产品和服务需求弹性降低，数字化营销成为卖家差异化竞争的关键。平台通过客户行为数据分析，为消费者、生活服务企业、供应链企业、政府提供价值连接，推动各方形成一个有机互补的整体，促进服务价值创造的同时，精准有效地提升消费。与此同时，平台依托海量、高品质的数据资源以及强大的数据挖掘和分析能力，通过分析处理各种复杂的产品应用场景，推出系列数字化解决方案，为商家绘制会员画像、搭建用户消费模型，帮助商家准确地了解客户的真实需求，从而增加商户曝光率、提升客户购买转化率。例如，支付宝开发的"棋盘密云"可助力商家实现在支付宝端内公私域挖掘潜在客户、精准投放，还支持基于隐私计算，商家实现在支付宝和其他端的全域数据打通融合。产品在测试阶段，使用商家交易转化率提升4倍，目前该产品已正式全面开放。

（四）场景创新

新消费场景是促进消费的重要环节。服务消费效率的提高不单纯是流量运营，更是企业从生产到经营，从平台、服务商到商家、消费者的全流程高效协同。平台的优势在于降低服务转换成本，激发长尾市场。平台将更大范围的小众、低频需求汇集，低成本、快速匹配供需，更容易达到服务供给的最小经济规模；同时平台能够作为信息中枢帮助发现和创造新的小众服务内容和服务组合，推动商家、消费者进行服务价值共创。然而，需警惕平台急功近利的流量分发逻辑可能导致信息传导的扭曲，应建立良好的声誉机制和信用体系。

三　政策建议

平台经济的兴起促成了消费特征和趋势的历史性转变，顺应时代重塑了消费的业态模式。借由信任效应、链接效应、赋能效应和创新效应，平台可有效释放消费需求潜力，推动实现供给与需求协调共进的高效循环。为此，应从以下三方面发力，更好地发挥互联网平台在促消费方面的重要作用。

（一）着力形成促消费的合力，引导平台发挥更大作用

依托传统消费旺季，组织多领域融合的促消费活动，鼓励各类市场主体进行优惠促销，提高服务消费市场人气。支持平台在消费券发放、消费政策实施等方面与政府合作，发挥平台在服务消费方面的引领作用。推动服务业数字化、智能化改造，制定政策鼓励平台内的技术、营销、业态和模式创新，特别是在新兴服务领域进行先行先试。

（二）鼓励消费者发表评论，形成有利于供需双方价值共创的政策环境

鼓励消费者就服务体验在平台上发表评论，相当于向服务供给方提供必要的信息基础设施和创新资源，引导人们用个人劳动参与经济创新和社会生活。故此，应制定鼓励消费者发表评论的措施，同时倡导平台选择能够提高评论可靠性的系统设计，比如

通过允许交易双方相互评价进行双边审查。在此基础上，应制定便利数据通用和数据流动的政策，促进服务提供方通过获得创新所需的消费者使用体验数据改善其服务，有效促进开放式创新。

（三）对虚假评论进行有效监管，营造健康公平的服务生态

为确保在线平台的公平竞争环境，有必要建立一个监管框架，通过对平台在内容审核、算法数据、暗黑模式和定向广告等方面的行为加以规范，为在线评级和评论系统创建统一的规则，确保通过声誉系统建立信任的有效性。一方面，应督促平台加强自律，提升发表评论及处理政策的透明度，对诱导评论以及用补偿手段换取好评、删除差评或对竞争对手恶意差评等违规行为进行定期监测，并对违规行为进行处罚；另一方面，应着力加强对虚假和误导性评论的监管，督促平台核实在线评论的来源与真实性，提高对收集评论的基本特征（开放还是封闭）、评论权重的使用以及总结产品评论规则的公平性和明晰度，着力塑造健康公平的线上服务竞争环境。

（执笔人：刘奕，中国社会科学院财经战略研究院服务经济与互联网发展研究室主任、研究员）

业态篇

文化元宇宙开启消费新时代

文化元宇宙是文化数字化的战略升维，将引导未来人类文明生态的重大跃升，重构社会发展模式。消费产业可以借助文化元宇宙的生产能力打开更具想象的空间，而越来越丰富的文化元宇宙消费场景落地，则重构我们的消费想象。文化元宇宙将推动生产端和消费端的能力得到进一步解放和突破，形成全新又完整的生态系统。

一 什么是文化元宇宙？

提到元宇宙，人们对它比较密集的认知始于2021年，元宇宙第一股正式上市的火爆和Facebook公司改名为"Meta"引发关于元宇宙的全球大讨论，虽然人类对元宇宙的认知还处于"盲人摸象"的阶段，但目前国内初步形成了"元宇宙"的三大认识论，即虚拟宇宙论（或称虚拟世界观）、平行宇宙论（或称孪生世界观）和虚实融合论（或称融合世界观）。而从目前全球各地关于元宇宙比较成熟的落地应用场景类型来看，文化产业和公共文化领域的元宇宙场景是落地程度最高、普及范围最广的。无论是1992年的科幻小说《雪崩》、2018年的科幻电影《头号玩家》，还是网络游戏Roblox公司上市以及Facebook公司的改名，都说明了文化元宇宙的发展是伴随着文化与科技融合发展的水到渠成，是元宇宙的创始发端与创新引领。如果说之前的科幻电影、游戏是文化元宇宙的过去式，那么数字藏品、数字人、XR等在文旅、演艺、会展、动漫等行业的运用则是文化元宇宙的现在进行时。从消费端看，文化元宇宙相比传统文化产业，具有以下五大独特之处。

其一，塑造沉浸式感知。文化元宇宙通过低延迟和逼真的感觉，为用户提供沉浸式体验，仿佛置身于现实世界，这种体验可以增加用户的参与度和情感共鸣。

其二，跨越时空的体验。通过数字技术的支持，用户可以模拟、感知和体验各种情境，无论是历史上的事件、遥远的地理位置还是未来的想象空间，这种跨越时空的体验为人们带来了全新的文化交流和认知视角。

其三，重塑社交互动模式。文化元宇宙可以实现人们以个性化的数字身份与其他用户互动，延伸现实生活中的文化社交，重塑人与人之间的未来互动态势。

其四，开放的创作和参与机会。传统文化产业生产通常由少数权威机构或个人掌控，而元宇宙的去中心化特征赋予每一位用户构建、维护场域的权利，任何人都可以自由地创作、分享和参与文化活动。

其五，全新的投资和收藏方式。文化元宇宙电商系统将数字藏品系统与区块链技术紧密结合，打造一个数字资产的完整交易平台，数字藏品在此处被赋予了强大的交易、传播、保值等潜在价值，为购买者和销售者之间的交易创造了极佳的透明度和信任保障，在这里，广大数字藏品收藏者不止是交易，更体现一种社交方式。

可见，文化元宇宙将文化内容与数字经济深度融合，能够赋予传统文化在生产、消费、传播、传承和创新上更多的可能性。

二　中国文化元宇宙的布局和发展

中国文化元宇宙的发展，既是建立在全球元宇宙发展宏观背景与趋势基础上，同时又有自身的发展特色与内在逻辑。中国文化元宇宙的布局和发展可以从政策跟进方面和产业建设方面概括。

1. 政策跟进方面

自2020年以来，数字化转型一直是国内重点推进的政策之一，而元宇宙概念恰恰与数字化转型高度重合，因此，2021年开始，针对元宇宙相关产业的政策设计已有序推进。在国家层面，国务院发布的《"十四五"数字经济发展规划》中，虽然没有直接点出"元宇宙"这个关键词，但明确表示要深化人工智能、虚拟现实等技术的融合，拓展社交、购物、娱乐、展览等领域的应用。工业和信息化部工业文化发展中心牵头组织并发布了《工业元宇宙创新发展三年行动计划（2022—2025年）》，提出着力推动工业元宇宙的技术储备、标准研制、应用培育和生态构建全方位健康发展。工业和信息化部、教育部、文化和旅游部、国务院国资委、国家广播电视总局五部门联合印发《元宇宙产业创新发展三年行动计划（2023—2025年）》，充分显示国家发展元宇宙产业的重大决心，并肯定元宇宙产业将为文旅产业高质量发展带来的巨大助力。而"国家文化数字化战略"和"数字中国建设"的提出，既意味对数字文化强国的战略支持，也意味着对中国式文化元宇宙发展需求的现实回应。

地方层面，截至2023年年初，已有30余省市政府相继发布元宇宙建设规划。从政策类型上看，有综合性的政策，也有文旅元宇宙专项政策。其中上海市是所有发布元宇宙政策的城市中，最早针对技术攻关、文旅元宇宙单独发布行动方案的城市，这表明了上海在元宇宙产业发展中的领跑角色。其他城市对元宇宙发展的目标和定位也做出了规划，如北京"将城市副中心打造成为以文旅内容为特色的元宇宙应用示范区"、武汉"建成我国元宇宙创新发展先导区与核心区"、成都"打造西部元宇宙创新高地"等，这些政策和行动都将为后续元宇宙产业生态持续发展、形成城市特色的元宇宙产业集聚区提供源源不断的动能。

2. 产业建设方面

在各地出台相关扶持政策的同时，元宇宙产业园区、基地、集聚区等建设也在紧锣密鼓地进行。据不完全统计，截至2023年年初，已经有15省部署超过25家元宇宙产业园。如2022年9月建设启动的武汉元宇宙数字产业基地，包括元宇宙数字文化展厅、元宇宙时空广场、智慧工坊等，华中地区规模最大的文化综合体项目"元宇宙主题产业园"在武汉竣工验收，产业园预计引入元宇宙及数字化上下游企业达到100家，带动大学生就业3000人次。2022年10月，湾区元宇宙数字艺术研究创新基地在粤港澳大湾区（广东）创新创业孵化基地揭牌，创新基地将建立元宇宙数字艺术实验室、专家工作站、元宇宙创新学院、元宇宙孵化器、元宇宙产业基金五大生态平台，积极抢抓元宇宙及数字文化产业新业态发展。除此之外，上海徐汇"元创未来"元宇宙产业创新园、"张江数链"（元宇宙）产业基地，杭州的钱塘元宇宙新天地产业园，北京大稿元宇宙数字艺术区等都在积极布局本地元宇宙产业，实施元宇宙在文化产业领域的撬动力。

三　文化元宇宙消费时代：未来已来

大众对元宇宙的理解更多是从 VR、AR 等技术改变我们消费体验的视角，但从更广阔的视野和发展眼光看，元宇宙是将消费从单纯的商品购买提升到一个全新的参与层面，创造出全新的消费生态系统。我们之所以期待文化元宇宙会为消费行业带来惊喜，是因为文化元宇宙将推动消费体验的革命性变革，重新定义我们与文化、娱乐和创造的互动方式，它势将成就一个真正意义上的"数字化消费时代"。在这个时代，任何人都将能按照自己的喜好享受无限的消费体验和内容生产，也必将引领整个社会走向一个更加创新的未来。想象一下，你可以在元宇宙中和全球各地的人们共同参观名画展，欣赏音乐会，甚至与虚拟的偶像互动。你可以穿越时空，亲临历史事件的现场，体验不同文化的魅力，是何等感觉？当文化元宇宙逐渐成为现实，它对未来消费产生的影响一定是多方面的。

第一，拓展文化消费的范围和边界。文化元宇宙将打破传统文化消费的时空限制，使消费者能够更广泛地接触和体验各种时期、各地的文化内容和艺术形式，探索来自全球各地的艺术品、音乐、电影等，无论身在何处，消费者都可以随时随地沉浸在多样的文化体验中。

第二，丰富文化消费产品和场景。文化元宇宙为创作者和企业提供了更多创新和表达的空间，从而丰富了文化消费产品和场景。虚拟现实、增强现实等技术的应用使消费者可以在数字空间中体验到更加逼真和沉浸的文化产品，如虚拟艺术展览、沉浸式音乐演出等。

第三，变革文化消费理念和需求。文化元宇宙的出现将进一步推动消费者个性化需求和定制化消费的发展。消费者希望通过文化元宇宙来实现对自己兴趣和审美的深度满足。这种变革将促使文化产业更加关注消费者的多样化需求，推动文化创意和产品的个性化定制化发展。

第四，更新文化消费参与模式。文化元宇宙将改变传统的文化消费参与模式，提供更加多样的社交、体验和互动方式。消费者可以与其他用户实时互动、分享观点和创作成果，创造出全新的参与模式，带来全新的社交体验。例如，在一个文化元宇宙的电影院中，观众可以在观影过程中实时交流和互动，与其他观众一起共同创造出丰富的观影体验。

第五，减少跨文化传播和消费障碍。文化元宇宙的出现有助于消弭消费者之间的跨文化障碍，通过数字化的交流和互动平台，不同国家和地区的消费者可以更容易地进行文化交流和理解。例如，通过在线的语言翻译和文化解读工具，消费者可以跨越语言和文化障碍，更好地欣赏和理解来自其他文化的艺术品和创意作品。

四　文化元宇宙的消费场景不断丰富

1. 元宇宙+博物馆

在国家数字化战略的浪潮下，各大博物馆纷纷开启探索传统博物馆线上化、数字化转型之路，让传统文化"活"动"起来，用当下最火的"元宇宙"去构建文博生态圈，也是提升民众体验感、增加民众参与度有效可行的解决方案。

2023年2月初，故宫博物院宣布即将策划推出首套AR元宇宙场景交互式电子出版物《我在故宫修文物》，体验者需通过App触碰内嵌NFC芯片的古建修缮馆"妙顶金龙"黄铜守护令牌，即可用唯一识别身份激活令牌，跨越手机屏幕中虚实交融的"能量穿越门"，迈进按照1∶1原尺寸大小所搭建的故宫养心殿"紫禁妙境"元宇宙。取材于敦煌壁画中声音婉转如歌的神鸟"伽陵频加"，敦煌研究院创造了虚拟人"伽瑶"，"伽瑶"会用可爱的"娃娃音"为游客讲解动画版的莫高窟。2022年年底，作为全国首档文博虚拟人直播活动，"这个冬至与伽瑶一起云游敦煌"备受关注，此次直播活动使用了业内最前沿的UE5虚幻引擎技术，让身处各地的观众置身于虚实融合的敦煌世界，伴随着"伽瑶"的娓娓道来感受莫高窟的沧桑与美丽。

2. 元宇宙+文旅景区

元宇宙正不断以新业态、新场景、新体验与文旅行业发展深度结合，成为文旅行业数字化转型的一个重要领域。景区元宇宙改变了信息加工、内容创造、场景营造、要素组合等旅游生产方式，能够实时地将虚拟场景与现实环境融合，为游客带来更多探索式游览的乐趣，不断开辟文旅体验新时空。

在2023河南智慧文旅大会上，国内首个超写实文旅元宇宙空间——"元豫宙"正式上线，汇聚了老君山、少林寺、龙门石窟、黄帝故里、大宋东京城等河南十大文旅知名IP，呈现出气势恢宏、精妙细致、虚实融合、超沉浸体验的数字场景，让人移步换景、穿越古今，多视角、沉浸式行走河南。尽管这些景点在现实中最远的相距超过300千米，游客仍然可以一举收入"行囊"，轻松实现"线上读"带动"线下走"的全新体验。

"张家界星球"项目充分应用中国移动5G、UE5游戏引擎开发、云端GPU实时渲染等多种融合技术,通过数字孪生构建张家界景区虚拟世界,展现大自然亿万年的鬼斧神工,还原张家界武陵源景区的万千奇峰,为用户带来沉浸式的视觉体验。

3. 元宇宙+寺庙

在人们的固有印象中,僧尼都是与青灯古佛为伴,暮鼓晨钟,与科技和数字化挨不上边。但实际上,有些寺庙对新事物的接受程度远比我们想象得更高,"敲电子木鱼,拜赛博佛祖"已不新鲜。

在日本,由日本京都大学研发团队设计开发的 Terraverse(寺庙元宇宙)项目,提供包括在线参观寺院、跪拜佛像、购买护身符 NFT、捐赠香火、参加祈福活动、与僧人实时交流、线上修行等活动,并可召唤 AI 佛陀参省佛经、答疑解惑。在国内,特别是在浙江、江苏和广东等经济发达的省份,香火旺盛的寺庙也早已跟上了时代浪潮。杭州灵隐寺早在 8 年前就已开始构建元宇宙寺庙,并在 2022 年 7 月举行"智慧寺院"应用场景上线仪式。开原寺的数字化建设已经成了江苏佛教系统的一张名片,包含了云寺务管理平台、教职人员管理系统、大数据分析与展示系统、寺院周界防范系统、寺院云视频平台等技术平台。而少林寺一直以来都积极拥抱科技,在 2018 年制作了三维少林寺,成功将元宇宙的概念应用到了少林寺中,而在 2023 年 11 月,少林寺方丈释永信造访 Meta(原 Facebook)总部,发表了"禅宗遇到 AI"的演讲并提到了"少林云"的应用,期望让全球的信徒和爱好者可以身临其境地体验少林寺的文化和历史。更别说卧虎藏龙的北京龙泉寺了,早已在数字化的道路上奔驰,正如其早年信息技术组在微博上写到的"穿越技术人生、探索终极价值。"

4. 元宇宙+演艺

元宇宙在演艺上的应用包括沉浸式演出、虚拟演唱会、数字化表演等，这些演艺形式不仅具有很强的真实感和互动性，也是一种商业模式，为企业带来更多的用户和收益。

上海文广演艺集团在2022年推出中国首个线上戏剧厂牌"戏剧元力场"，以优质戏剧内容入局元宇宙，试水数实交互体验的戏剧样态，打造一个拥有无限观演可能的数字场域。上海文化广播影视集团有限公司旗下沉浸式戏剧《不眠之夜》在线上直播基础上，于2022年6月推出三款限量版数字票根藏品，一经发售即火爆售罄，之后《不眠之夜》又开始沉浸式直播的实验性探索，借助5G高清和多视角实时传输技术，为观众打造了另一个延续戏剧梦的番外版本，2小时"准元宇宙"式直播，引来近100万人次的围观。曲江文旅旗下大唐不夜城与太一集团联合打造的全球首个唐朝历史文化背景的元宇宙项目"大唐·开元"正式立项启动，项目将利用NFT和区块链技术，打造一个有百万居民的古代长安城，让大唐盛世在元宇宙里再次呈现。同时，由大唐不夜城与西安数字光年软件开发有限公司联合打造的"大唐开元"系列数字藏品上线，数秒售罄，这也是西安首个3D建筑模型的数字藏品。

五 元宇宙畅想：是未来还是泡沫？

2023年以来，以ChatGPT为首的生成式AI技术快速发展，火热的元宇宙声量似乎弱了不少。从2023年年初开始，腾讯就对XR部门进行了裁员转型，Roblox股价也过山车式地下滑，迫于市场压力苹果新发布的Vision Pro设备预期销量也下调了

95%，2023年11月，字节跳动VR部门PICO宣布裁员，并将对市场、游戏、视频等团队进行大幅人员调整，仅仅两年过去，形势就发生了天翻地覆的变化。有人认为，尽管之前元宇宙各种光环加身，但是任何一个理念如果只停留在概念和愿景，最终也是镜花水月，而与虚幻的元宇宙相比，很明显用户和市场更倾向于接受能够立竿见影的通用大模型智能机器人。如此趋势，元宇宙就注定只是一场美丽的泡沫？

不可否认，元宇宙潜在的技术挑战、伦理危机、数据隐私与安全风险等都是发展过程中绕不开的难题，对如何解决这些问题现在也还未有答案，因此，对元宇宙的态度会出现暂时的降温或质疑，但元宇宙的发展是一个长周期的实现过程，是一定会到达的一个目的地。而无论是AIGC还是大模型技术的发展，都是到达元宇宙这个目的地的区块和路径，非但不会影响元宇宙，反而会融合并推动元宇宙的发展，如AIGC辅助UGC逐步变为实现，降低了内容制作的准入门槛，也会解决XR发展中内容生产成本过高和应用生态碎片化的障碍。从一些科技巨头的做法来看，它们对元宇宙的理解并不局限于具体形态与呈现方式，而是更倾向于将其背后的科技浪潮视为新一轮的产业转型与升级，致力于为未来数字世界打造新基建。

可见，元宇宙确实已经出发，那么，先起飞再调整姿势或许是目前最合适的选择。对于元宇宙的发展，我们既不可一味炒作，也不要急于看衰，而是要像对待新生儿成长一般，保持欣喜和期待。

（执笔人：王文姬，南京邮电大学管理学院副教授，中国市场学会研究部副主任）

服务业数字化释放就业潜力

就业是最大的民生。国务院办公厅于2023年发布了《关于优化调整稳就业政策措施全力促发展惠民生的通知》，强调要对就业高度重视。而稳就业和促就业，经济发展是根本，就业状况很大程度上取决于经济增长的质量和速度。2023年以来，中国国内需求稳步扩大，消费带动作用增强，市场用工需求增加，促进就业形势整体好转；同时，服务业增势较好，促进就业容量扩大，对就业的带动作用明显增强，中国服务业的复苏和发展对稳就业和促就业方面的作用突出，特别是在数字经济发展背景下，服务业数字化释放了就业新潜力。

一 服务业数字化打造就业新引擎

1. 服务业数字化与就业新形态

数字经济的发展以及服务业数字化催生了零工经济和共享经济，而零工经济和共享经济又直接带来了就业新形态。首先，数字平台的兴起改变了雇佣关系的传统形式。在线平台（如打车平台、外卖平台等）允许雇主和零工通过数字方式进行连接。这种连接方式使工作匹配更为高效，同时也扩大了零工经济的规模，吸引了更多的参与者。其次，数字平台为零工提供了更大的灵活性。零工可以自主选择工作时间和地点，更好地平衡工作和生活。这种自主性对于那些寻求弹性工作安排的人来说尤为重要。再次，数字平台利用数据分析和机器学习算法，更精准地匹配雇主需求和零工技能。这提高了工作匹配的质量，使雇主更容易找到合适的人才，同时也让零工能够找到更符合其技能和兴趣的工作。数字平台通过数据收集和分析，为雇主和零工提供了更多的决策支持。雇主可以更好地了解市场需求、雇佣趋势，而零工也能够通过平台了解工作评价、市场行情等信息，提高对市场的敏感性。最后，数字化简化了支付和结算过程，降低沟通成本促进零工就业。在线支付系统和数字合同使雇主能够更迅速地支付零工报酬，降低了支付周期，提高了参与者对于参与零工经济的信任。

2. 服务业数字化与就业新机会

服务业数字化带来的产业结构升级和新兴行业的涌现为劳动者提供了大量的就业新机会。首先，服务业数字化推动了整体产业结构向数字化方向的升级。新技术、软件和数字平台的广泛应用促使原本传统的服务行业引入数字化元素，从而形成了数字化产业。同时，数字化服务产业的崛起使得数字经济迅速扩大。这包括数据分析、云计算、人工智能等数字技术的应用，为新兴产业提供了更多增长点，从而创造了大量就业机会。其次，服务业数字化推动了数字技术相关行业的兴起，如大数据分析、机器学习、人工智能等。这些行业对于数据科学家、算法工程师、人工智能专家等高技术人才的需求迅速增加，创造了新的就业机会。随着服务业数字化，数字化营销和社交媒体管理成为日益重要的领域。数字化推动了企业通过在线渠道推广产品和服务，创造了市场营销、社交媒体管理等新的职位需求。最后，数字化服务外包需求增加促进了就业。服务业数字化促进了全球数字化服务外包市场的增长。企业越来越倾向于将一些非核心业务或特定技能的工作外包给数字化服务提供商，这推动了全球数字劳动力市场的发展，增加了软件开发、客户服务、数据处理等领域专业人才的就业机会。

3. 服务业数字化与求职低成本

服务业数字化打破了传统劳动力市场的信息壁垒，并极大地降低了搜寻和沟通成本，通过降低求职整体成本从而提高就业。一方面，服务业数字化通过精准匹配和智能推荐降低了求职信息搜寻成本。数字化平台利用算法和数据分析，可以实现更精准的职位匹配。雇主可以在平台上发布招聘信息，而求职者则可以通过筛选和搜索功能更快速地找到符合其技能和兴趣的工作。这减少了传统求职方式中需要花费在浏览大量职位信息上的时间。数字平台可以通过分析用户的历史行为和偏好，提供个性化的职位推荐。这使求职者无需花费过多时间在不相关的工作机会上，而能够更迅速地找到与其技能和职业目标匹配的职位。另一方面，数字化技术还通过直接降低信息和沟通成本促成了就业。数字化平台提高了求职市场的透明度，使求职者能够更容易地访问和了解有关招聘方、公司文化、薪资水平等信息。这种透明度减少了求职者在获取关键信息方面的成本，有助于更好地做出求职决策。数字平台通常提供实时反馈机制，使求职者能够了解他们的申请状态、面试表现等信息。这种及时反馈减少了传统求职方式中需要等待的时间，提高了整个求职过程的效率。数字平台常常支持在线面试和评价系统，使雇主能够更快速地评估求职者的技能和适应性。这为求职者提供了更多机会展示自己，同时也加速了招聘流程。

通过降低搜寻成本和信息成本，服务业数字化使求职者能够更迅速、更精准地找到适合自己的工作机会。这有助于提高整个招聘市场的效率，同时也为求职者和雇主提供了更好的匹配和互动体验。

4. 数字经济与数字服务业新生态

服务业数字化除了以上三个促进就业的渠道外，数字技术在服务业的应用和发展还彻底改造了服务业生态，整体提高了服务业生产率和经济活力，通过促进经济的可持续增长而更长远地促进了就业。比如，服务业数字化引入了自动化和智能化技术，提高了生产和服务交付的效率。这种效率提升可以导致企业规模的扩大，从而创造更多的就业机会。服务业数字化的进程远未结束，持续的技术创新和发展将继续推动这一趋势。随着5G技术、物联网、区块链等新兴技术的应用，服务业数字化将呈现更加多样化和复杂化的发展态势。这不仅将进一步提升服务的智能化水平，也将促使服务业与其他行业更深入地融合，使服务业在数字经济时代呈现出新的生态，更多元、更高效以及更深入数字化的服务业将在稳增长的同时释放更多的就业机会。

二　服务业数字化促进就业的政策建议

为确保服务业数字化对就业影响的可持续性和公平性，需采取如下政策措施。

1. 增加对企业和个人数字化技术培训，缩小数字鸿沟

政府有关部门可以制定有针对性的数字技能培训计划，包

括对在职人员、失业人员以及特定群体（如低收入群体、长期失业人员等）的技能培训，让其掌握相应数字化技能。培训可以通过在线学习平台、职业培训机构和企业内部培训等方式进行。同时，政府部门还可以与行业协会和教育机构合作，制定培训标准，确保培训内容符合市场需求。此外，对于受数字化冲击的传统行业从业者，政府部门可以实施专门的转行支持计划，包括提供职业咨询、技能评估和个性化培训等，以便他们能够顺利转入数字服务领域。

2. 大力支持服务业数字化方面的创新、创业工作

政府可以设立数字服务领域的创业孵化中心，提供初创企业所需的基础设施、技术帮助和资金支持。为有创新潜力的初创企业提供优惠税收政策和减免费用，以鼓励更多人投身于数字服务创业。此外，通过制定相关政策以支持数字创业公司的发展，设立数字化创业基金，通过风险投资、补贴和奖励等方式提供资金支持。

3. 进一步完善数字化相关的法律法规，保障数字时代的劳动者权益

政府需要制定明确的法规，确保数字平台上的雇佣关系合法、公正、透明，包括明确零工的权利和义务，建立在线争议解决机制，以及规范平台对于零工的薪酬结构等。同时，政府需要与平台企业等利益相关者紧密合作，制定和更新法规，以适应数字经济的发展。此外，需要进一步完善社会保障制度，探讨新的适用于数字服务领域的社会保障政策，包括建立可灵活适应零工就业形式的社会保障计划，如基于项目的社保方案，以确保零工在失业、疾病和养老等方面有相应的保障。

4. 制定数字化转型后新的质量标准、保证数字平台透明度

制定数字服务行业的质量标准，鼓励平台提供高质量的工作机会和服务。政府可以与行业协会、消费者权益组织等机构合作，制定并推广一套行业内的最佳实践标准，以确保数字服务的高质量和安全性。设立监管机构负责监督数字平台的运作，确保其透明度。建立明确的规范，要求平台公开关于雇佣关系、薪资结构和零工评价等方面的信息。定期进行审核，确保平台遵守相关规定。

5. 持续推进数字基础设施建设，加快培养数字技能人才

加强数字基础设施的建设，确保全国范围内高速、稳定的互联网连接。政府需要持续投资于数字基础设施项目，包括网络建设、数据中心等，以支持数字服务的可持续发展。针对数字服务行业的需求，更新和优化教育系统（特别是高等院校），确保学生进入数字化就业部门时能够获得必要的数字技能。政府可以提供资金支持，鼓励学校和培训机构与企业紧密合作，制定实用的课程和培训计划。

（执笔人：李文秀，广东金融学院经贸学院院长、教授；张春磊，广东金融学院经贸学院讲师）

服务业数字化赋能新就业形态

作为推进经济高质量发展的关键一环，就业关系着民生福祉与社会稳定。党的二十大报告提出，要强化就业优先政策，健全就业促进机制，促进高质量充分就业。当前，国际形式动荡不断，国内经济恢复不达预期，存量待就业群体与新增应届生群体叠加导致就业总量持续承压。中国目前已经出台了多种举措来缓解就业压力，包括国有经济部门扩大招聘规模、保护和支持中小企业、就业培训等。面临复杂的就业环境，稳就业政策实施亟需更多途径。作为缓解就业压力的有效方式，服务业是中国就业的主渠道和蓄水池，吸纳了近半数就业人口。[①] 为充分释放服务业的发展潜力，加快推进服务业提质增效成为塑造高质量发展竞争新优势的战略之举，而这无疑对服务业的数字技术发展水平和数字化转型提出更高要求。

一 零工经济与灵活就业

作为服务业数字化的典型代表，零工经济的出现既是数字

---

① 2021年，服务业就业人员为35868万人，占全国就业人员总数的48.0%，比2012年提高11.9个百分点。国务院第七次全国人口普查领导小组办公室编：《中国人口普查年鉴（2020）》，中国统计出版社2022年版。

技术发展的结果，也是服务业的重要组成部分。所谓零工经济（Gig Economy），是指采取非全日制、临时性、季节性和弹性工作时间等多种灵活的就业方式。从事灵活就业的人群往往称为"零工"，因此也被称为灵活就业。但随着互联网技术的发展，依托各类互联网平台特别是服务类平台，可以对零工和雇主进行高效撮合与匹配，使得零工经济有了巨大变化。零工人群搜寻和获得工作机会变得更加容易，使得就业时间达到甚至超过正规部门，相应地，也产生了较为稳定的就业收入。以至于"零工不零"，逐渐成为了一种新型就业形态。因中国平台经济发展较快，所以这种新就业形态发展也较为迅猛，并提供了大量就业岗位。数据显示，截至2020年年底，中国灵活就业的人群数量达到了2亿人之多。[①] 其中依托互联网平台开展新就业形态的人数超过8400万人，而为新就业形态提供服务的平台企业所雇用的员工也有631万人，二者合计超过了9000万人。在北上广深一线城市中，灵活用工人数占比已经超过1/4（25.6%），正在逐步成为主流的用工方式。[②]

对于这一趋势，中国政府因势利导，陆续出台了支持灵活就业和新就业形态的政策。根据《中华人民共和国国民经济和社会发展第十四个五年规划和2035年远景目标纲要》，新就业形态是指新一轮信息技术革命特别是数字经济和平台经济发展带来的一种就业新模式，体现为劳动关系灵活化、工作内容多样化、工作方式弹性化、工作安排去组织化、创业机会互联网

[①]《艾媒咨询 | 2022年中国灵活用工行业市场调研分析报告》，2022年3月22日，快资讯，https：//www. 360kuai. com/pc/99c2c4d9a94d4d23e? cota = 3&kuai_ so = 1&sign = 360_ 57c3bbd1&refer_ scene = so_ 1。

[②]《中国共享经济发展报告（2023）》，2023年2月23日，国家信息中心网站，http：//www. sic. gov. cn/sic/93/552/557/0223/11819_ pc. html。

化，正在成为吸纳就业的一条重要渠道。① 而从长期来看，上述新型就业形态为就业者提供了稳定的收入来源，以至于多数就业人员愿意选择长期从事这一就业方式。根据美团发布的《2020灵活就业十大趋势》调查报告，2020年新形态就业者中月收入不到3000元的仅占14.3%；分布在6001—12000元的占比为35.7%，超过12000元的占比超过21.2%，二者合计超过56.9%。说明绝大多数新形态就业人员都有着较为稳定的收入水平。并且有71.6%的从业者愿意至少从事两年以上该工作，仅有7.9%的从业者不看好新就业形态，其中愿意回归传统职业的仅为3.7%。

二 服务业数字化是扩大就业渠道的主要途径

服务业数字化通过推动以零工经济为代表的新就业形态蓬勃发展，为解决就业问题提供新引擎。基于上述观点，本文分析服务业数字化扩大就业渠道的机制和途径。这其中，既包括面向消费者的生活类服务业（包括教育、医疗保健、住宿、餐饮、文化娱乐、旅游、商品零售等），也包括面向企业的生产类服务业（包括物流、批发、电子商务、农业支撑服务），以及通过服务业整体的劳动力供需匹配所发挥的影响。具体来看，其主要有以下路径。

从生活类服务业来看，服务业数字化有助于创造新的需求，扩大就业岗位。随着数字技术的发展，居民消费需求更趋场景

---

① 《"十四五"规划<纲要>名词解释之236 | 新就业形态》，2021年12月24日，国家发改委网站，https：//www.ndrc.gov.cn/fggz/fzzlgh/gjzgh/202112/t20211224_1309503.html? code=&state=123。

化、个性化、智能化、体验化，而这无疑会创造新的需求。具体来看，服务业数字化不仅能够开拓新的服务消费场景与品类，而且可以通过效率更高、受众更广的营销方式，提振服务消费意愿，创造新消费。例如，进入新发展阶段，消费者的旅游消费需求从低层次向高品质和多样化转变，携程、飞猪等在线旅游平台应运而生，并通过营销宣传提供旅游定制服务推动服务业务衔接，为满足不同消费者群体的旅游消费需求提供一站式解决方案。在此过程中，既需要在线客服对接消费者并收集信息，又需要旅游定制专家等旅游专业技术人员策划旅游方案。从在线家政、外卖闪送等服务业新兴形态来看，这种新需求的创造屡见不鲜。此外，对于消费者而言，为了接入和享受数字化转型下服务业所提供的在线服务，还需要借助数字化手段触达服务提供者，这也是服务业数字化所创造的新需求的重要组成部分。例如，消费者在买药过程中往往存在夜间买药难、线下药品缺失等问题，美团、饿了么、京东到家等外卖配送平台的"买药"分区以及丁香医生、圆心大药房等线上买药平台就通过提供即时送药上门服务，满足消费者对药品的个性化需求。由于药品选择对专业技能要求较高，这些平台往往会通过在线医生为消费者诊断并提供用药建议。另外，传统服务业本身具有不可贸易性，而在数字化过程中，不可贸易性有可能被线下服务线上化或提升服务配置效率改变。例如线上远程教育服务，在教、学分离的情况下提供了跨空间的教育服务。由此可见，在服务业数字化过程中，无论是消费者需求升级，还是接入在线服务，都能够创造新的需求，为劳动者提供新的就业岗位。

从生产类服务业来看，服务业数字化有助于提升服务业劳动者的专业技能，促进人力资本形成。数字技术发展对就业市场中的劳动力带来全新挑战。不仅是服务形态和应用场景的全面更新，更对劳动者自身的数字技术水平提出更高要求。这就倒逼劳动者通过技能培训、干中学（Learning by Doing）等方式提高自身专业技能，以应对数字化转型的升级需要。在此过程中，如何掌握和使用人工智能等数字技术，既是赋能劳动者技能改善的重要契机，也是创造新兴就业岗位的关键途径。比如，近年来兴起的"村播"，通过互联网平台直接对接农户与消费者。对农户而言，可以通过直播带货的方式获得全新的收入机会，进而提高收入水平，但这就对农户控制直播平台、在线回应观众等数字技术的掌握水平提出相应要求。同时，"村播"也推动了农产品供应链的升级，而这对农产品供应链上的从业人员提出了更高要求。不仅包括传统的加工服务与物流服务的从业人员，还应运而生了配送服务、需求分析服务、营销服务等全新需求与相应就业岗位。又如，阿里巴巴"云客服"的技能可以通过简单的在线培训轻易获取，极大地降低了这一岗位对前期人力资本投入的要求，同时也解决了大量具有身体缺陷或行动障碍人群的就业需求。除此之外，小到外卖骑手对商家和消费者的定位，大到数字平台上数字化内容的创造者，服务业数字化下全新就业形态不断形成，就业岗位随之涌现，平均收入水平不断提升。因此，服务业数字化有助于改善劳动者数字化技能，进一步提高收入水平，形成和提高服务业劳动者的人力资本。

从服务业的匹配撮合来看，服务业数字化能够通过信息的充分披露有效解决错配问题，进而提高匹配撮合效率，从供需两方面壮大零工经济的发展。由于劳动力市场的供需双方存在显著的信息不对称（Information Asymmetry），失业问题持续存在，其中最重要的原因就是存在市场摩擦。代表性文献包括2010年诺贝尔经济学奖得主彼得·戴蒙德（Peter Diamond）1987年的研究，搜寻成本的存在导致劳动力市场因无法匹配难以出清，即一方面企业存在岗位空缺，另一方面却存在很多工人失业的现象。现实中，招工难、就业难的结构性矛盾持续存在，这正是由于市场摩擦所导致的。作为解决就业问题、提高就业率的有效手段，服务业吸纳了近半数就业人口。结合前两条路径，服务业数字化能够从生产和消费两个维度，创造新的需求、扩大就业岗位，并结合数字技术进一步实现劳动力的供需匹配。从劳动力需求来看，数字化转型能够帮助企业在线发布岗位，同时为了保证企业生产效率，涌现出对数据收集、信息处理、数据分析等专业化人才的迫切需求；从劳动力供给来看，数字化转型能够为劳动者提供涵盖各种数字技术的技能培训，同时提供服务业劳动力的人才标签打造、数字简历完善等服务，为服务业企业匹配高水平的劳动者。在此基础上，通过供需撮合实现劳动力的供需匹配，降低就业市场摩擦，提高劳动力市场的运行效率。例如，云账户发挥数字技术优势，高效连接供需两端，对接生活管家、视频创作者等28种职业类型人群，就业范围覆盖视频传媒、分享社区、本地生活等15大行业60余个细分领域，帮助数字技术相关职业人群的供需完成在线匹配，极大降低了买家、卖家以及提供支付、运输等商业服务的第三方之间的交易成本。

三 结论与启示

服务业数字化通过提升服务效率以及创造新的需求，推动更多种类、更高数字化程度的就业岗位不断涌现，进而赋能以零工经济为代表的新就业形态的发展。作为优化调整稳就业政策的重要组成部分，大力推动服务业数字化，有助于提高就业率，进而推动就业市场的良好发展。需要注意的是，在服务业的数字化过程中，仍然存在淘汰数字化水平低的重复性工作岗位、需求迭代出现全新岗位替代等情形，对现有劳动者的就业带来冲击。这意味着服务业数字化转型下，效率提升可能会冲击现有就业人员。在此过程中，对监管部门如何完善社会保障体系、充分保障劳动者的合法权益提出了新的考验。解决这一问题既需要通过修改和制订法律法规，不断加强社会保障体系建设，同时也离不开实施失业保险稳岗返还，发放吸纳就业补贴、职业培训补贴等手段加强失业保险，完善失业保障，以促进就业市场的稳定发展，从而更好地发挥服务业数字化的动能，真正赋能新就业形态的形成和发展。

（执笔人：王勇，清华大学经济学研究所副所长，研究员）

行 业 篇

数字赋能中国式旅游业发展

现代旅游产业体系是中国式现代化建设的重要组成部分。加快发展中国式旅游，推进旅游业数字化转型，是中国特色社会主义建设的重要组成部分。不仅关系到一个国家旅游业的前途，也关系着一个国家民族文化的兴衰，必须发挥自身所长，以独特优质的产品参与市场竞争，立足于世界旅游业的先进行列。

一 中国式旅游业的概念溯源

"中国式旅游"的概念和内涵可以溯源至20世纪80年代初。1981年7月的全国旅游工作会议强调发展"中国式旅游"。同年10月，国务院颁发《关于加强旅游工作的决定》，指出"要从我国的实际出发，逐步走出一条符合国情、日益发达的中国式旅游道路"，并认为中国式旅游应是健康、文明的旅游；应充分利用中国的灿烂文化和大好河山开展丰富多彩的旅游活动；要具有国内各民族风格和地方特色；要适应中国幅员辽阔的特点，逐步开展区域旅游；在旅游服务收费和商品价格上体现中国的特点。在数字经济时代，旅游业已经不再局限于传统的模式。随着移动互联网、大数据、人工智能等技术的广泛应用，全球旅游业正面临着数字化转型的浪潮，经历着前所未有的变革，把握中国式旅游业数字化转型的现状和特征，有助于使中国文化在数字时代焕发新的活力，更好地保留和传承"中国式旅游"特色。

二　中国式旅游业数字化转型特征

中国式旅游业数字化转型具有一些独特的特征。这些特征共同描绘了中国式旅游业数字化转型的发展状况，也反映了中国在旅游业数字化转型过程中的发展趋势和创新方向。

1. 政府强力支持

长期以来，中国实施政府主导旅游发展的模式，政府行为渗透于旅游发展的各个方面。自然地，在中国式旅游的数字化转型过程中，政府扮演着关键角色，在与旅游业数字化转型相关的政策制定、基础设施建设、数据管理、行业创新推动等方面发挥着重要作用。

"十四五"以来，国家连续下发数个关于促进旅游业数字化转型的相关政策文件，给予了旅游业数字化转型强力政策支持。例如，《中华人民共和国国民经济和社会发展第十四个五年规划和2035年远景目标纲要》《"十四五"信息通信行业发展规划》《"十四五"旅游业发展规划》《5G应用"扬帆"行动计划（2021—2023年）》《关于深化"互联网+旅游"推动旅游业高质量发展的意见》《关于推进实施国家文化数字化战略的意见》均给中国式旅游数字化转型指明了方向。2023年以来，工业和信息化部与文化和旅游部联合发布《关于加强5G+智慧旅游协同创新发展的通知》，文化和旅游部颁发《关于推动在线旅游市场高质量发展的意见》，并开展智慧旅游沉浸式体验新空间推荐遴选暨培育试点、文化和旅游数字化创新示范案例征集评选等工作，进一步为数字化技术在中国式旅游业中的应用提供指导和规范。

在诸多政策的支持下，政府在数字化建设方面的相关努力，如政府投资和推动高速互联网、电子支付系统、智能交通系统、5G基站等基础设施建设，也为中国式旅游提供了良好的数字化转型条件。据工信部数据，截至2023年10月末，中国的5G基站总数达321.5万个，占移动基站总数的28.1%，占全球比例超过60%。5G行业的发展为文旅行业提供了良好的技术支持，5G融合应用不断拓展，数字化发展支撑作用不断增强。政府推动虚拟现实（VR）、人工智能（AI）、区块链等先进技术在旅游业的运用，使得中国相关行业市场规模近年来保持高速增长。根据CCID公布的数据，2021年中国VR市场规模达到278.9亿元左右，虚拟现实在各领域的应用逐步展开，旅游业数字布局将逐步完善。

此外，政府还注重建立数据标准、隐私保护措施、数据共享平台等以促进数据跨界共享、规范运行和安全管理，引导旅游企业进行社交媒体、在线广告等数字营销推广，利用高等教育和产业培训等渠道提高劳动力的数字素养和相关技术应用能力，打造"政、产、学、研、用、金"一体化创新链以形成全方位数字化转型的合力，推动智慧旅游城市建设，通过数字技术和物联网设备提供更智能化的导航、信息查询、安全监控等城市旅游服务，为中国式旅游业数字化转型创造了良好的环境，促进中国旅游业更好地利用数字技术提升服务水平、提高效率、创新业务模式。

2. 供需双向发力

中国式旅游业数字化转型是一个旅游供需双方相向发力、共促共享的动态演化过程。在政府的支持和引导下，中国的旅游企业积极进行数字化转型。这包括引入高速互联网、电子支付、智能设施等，提升员工数字化技能素养，并采用人工智能、大数据分析、虚拟现实等先进技术。旅游企业还致力于开发和维护数字化平台，包含在线浏览、咨询、预订、个性化定制、移动支付、在线营销、社交互动等多功能，同时建立健全游客数据管理系统，以海量数据了解和满足用户需求。例如，在数字化转型中，华住集团通过与支付宝小程序的战略合作，成功将支付宝会员频道作为订单增速最快的渠道之一，成为中国旅游企业数字化运营的成功典范。华住集团通过开放模式和数字化工具，将自有的会员体系与支付宝会员实现了体系互通，实施了"联合会员"计划。这一战略使得支付宝会员频道为华住小程序带来的客流占比高达56%。

中国是全球移动支付领域的领军者，旅游者更倾向于使用手机进行预订、支付和体验，移动支付对旅游业数字化转型的促进作用得到显著展现。2022年，北京八达岭长城上线"长城内外·i游延庆"支付宝小程序仅4个月，用户访问次数已突破75万次，带动了长城周边的旅游消费显著提升。同时期，中国24家博物馆（院）在支付宝旗下的数字藏品平台"鲸探"，发布源自"虎文物""十二生肖文物"及"镇馆之宝"的3D数字藏品，中国旅游者踊跃参与其中。湖北省博物馆上线的首个数字藏品"越王勾践剑"，出现了"60多万人抢1万把剑，3秒就没了"的轰动效应。正是旅游者的积极参与和支持，政府和旅游企业将更有动力投资和推动数字化转型，以满足不断变化的市场需求，提升服务质量和客户体验。

3. 超级平台推动

建设超级平台是中国式旅游数字化转型的典型特征之一。超级平台可以将酒店、机票、景点门票、交通、美食等多种旅游服务整合到一个平台上，提供全方位的旅游服务，形成一站式的旅游解决方案。在中国式旅游数字化转型过程中，不但涌现了一些超级或大型旅游数字化专业平台，而且数字支付等平台企业，也积极参与到旅游业数字化过程中来。

例如，以支付宝为代表的数字支付企业，持续推动数字支付方式创新，提高支付的便捷性，减少现金交易，增加支付安全性；不断引入新技术，如虚拟现实、人工智能等，以提升用户体验、改善服务质量；利用大数据分析，优化供应链、提高运营效率，通过数据驱动决策提升整体业务水平。这些平台的数字化转型不仅提升了用户体验，也推动了整个旅游业的数字化升级，为行业创新注入了新的活力。

4. 创新网络扩散

美国学者埃弗雷特·罗杰斯认为创新具有一定的扩散性。创新扩散是指一种新的创新理念、技术或服务如何从最初的采用者快速扩展到相关群体的过程。创新扩散包括了解、兴趣、评估、试验和采纳五个阶段，受便利性、兼容性、复杂性、可靠性和可感知性等因素的影响，创新扩散不是一蹴而就的快速过程。但是，如果将信息技术和社会网络相结合，人们容易接收和使用创新，创新会得到快速有效扩散。

在超级数字化平台模式的基础之上，中国式旅游数字化转型恰恰是由各类旅游创新网络式扩散推动的。首先，大型平台利用示范效应引起创新扩散。大型平台在数字化转型方面的成功经验成为业界的典范,其他旅游企业看到其创新带来的益处,会受到启发并借鉴其经验,逐渐采用相似的数字化解决方案。其次,大型平台利用技术整合和开放性加速创新扩散。大型平台往往通过开放式的架构,提供开发者工具和应用程序接口(API),支持第三方服务和技术的整合。这种开放性促进了创新的快速扩散,使其他企业能够更容易地采用和适应新的数字化技术,有助于推动更多创新的扩散。最后,大型平台通过合作网络形成指数级创新扩散。在大型旅游数字平台上,平台与各类旅游企业、旅游企业与旅游企业之间建立合作伙伴关系,共享数字化解决方案、技术和最佳实践。这种合作促进了数字化转型经验的共享和推广。与此同时,旅游企业通过广告、宣传和市场推广活动,向更广泛的受众展示其数字化创新,吸引更多关注和采用;旅游消费者之间通过平台信息共享,形成社群效应和口碑效应等,进一步加速旅游创新扩散,促进整个行业的数字化转型。在此过程中,借由多利益主体网络,政府文旅部门、旅游教育机构、旅游协会等相关者也逐渐涉入旅游创新网络,通过创新扩散的过程推动中国式旅游实现更广泛的数字化转型。

三 中国式旅游业数字化转型趋势

伴随着数字科技的快速革新,中国式旅游业的数字化转型趋势将日益多元化、个性化和智慧化。

1. 多元技术交融应用

多元技术的交融应用将成为中国式旅游业数字化转型的重

要引擎。在中国式旅游业数字化转型的未来进程，将出现移动支付、大数据分析、云计算、人工智能（AI）、虚拟现实（VR）和增强现实（AR）、区块链等多种技术相互融合创新并广泛应用的趋势。例如，可以将移动支付与虚拟现实技术整合。在历史文化景区，通过支付宝的"AR扫一扫"功能，游客可以通过手机屏幕实现虚拟导览，看到古建筑的原貌，听到历史事件的生动讲解，欣赏文化背后的故事，增强了游客对文化历史的认知和体验。这些多元技术的交融应用使得中国式旅游业更好地适应数字化时代的需求，为游客提供更个性化、智能化的旅游体验，也促使他们更好地融入中国式旅游的文明之中，同时为旅游从业者创造了更高效的管理和运营模式。

2. 旅游业全系统智慧化

在未来，以支付宝为代表的移动支付平台将快速革新，并与旅游业深度融合发展。移动支付将促进旅游业全系统的智慧化。移动支付使得游客能够非常便捷地享受到吃、住、行、游、购、娱等各类旅游产品和服务，摆脱了传统支付方式的繁琐和时间成本。这种支付方式为游客创造了更加流畅的旅游体验。移动支付积累的大量用户数据也可以帮助旅游从业者更精准地推测市场趋势，推荐旅游路线和推广旅游活动，优化资源配置，提供更个性化、贴心的服务。此外，移动支付平台中的人工智能客服在旅游信息查询、行程规划和紧急情况处理等方面广泛应用，可以即时为游客提供快速便捷服务，保障游客的安全和权益。可以认为，这种即时、无纸化的数字支付方式不仅满足了游客对中国式旅游文明、健康旅游的需求，也将为整个旅游生态系统注入更强活力。

3. 数字科技赋能低碳发展

在中国式旅游业数字化转型中，数字科技还将通过智能化的资源管理、绿色交通、智能酒店和数字化体验，助力中国式旅游业向更加可持续、低碳的方向发展。首先，数字科技将通过大数据分析，预测旅游需求，优化交通流、景区客源流等，减少拥堵，实现旅游资源的最优利用，降低能源消耗，减少碳排放。其次，数字科技将促进智能建筑管理系统建设，实现对酒店、民宿等住宿设施的能源、水资源的智能化实时监控和调配，提高能效，推动普及低碳旅游住宿。同时，移动支付和智能导航系统使得游客更便捷地使用公共交通工具，减少了个人汽车使用，利于普及绿色出行方式。最后，虚拟现实（VR）和增强现实（AR）技术为旅游体验提供了数字化替代方案，减少了实际旅行的必要性，满足了一部分游客对绿色旅游的需求，减弱了实际旅行对环境的冲击。综合而言，数字科技的赋能不仅提升了旅游业的竞争力，同时也推动了低碳发展理念在旅游业的深入实践。

（执笔人：孙盼盼，华侨大学旅游学院副教授）

旅游业数字化转型之路

当前,5G、物联网、云计算、大数据等数字技术应用正不断改变经济社会的生产与生活方式,也为旅游业高质量发展提供全新动能,促使游客消费逐步从线下转向线上,从传统的人工旅游方式转向线上线下相结合的智慧旅游方式,在优化游客消费方式、体验方式的同时,也在全面提升旅游服务水平与供给效率。因此,旅游业数字化转型已经成为旅游业实现高质量发展的必经之路。

一 数字化对旅游业的影响

首先,数字化改革大大提高了旅游产品的质量和个性化服务能力。通过数据的分析和挖掘,旅游企业可以更准确地了解消费者的需求和偏好,有针对性地提供更贴心的旅游服务,让消费者的旅行更加舒适和满意。例如,黄山市作为国家"十四五"布局的重点旅游城市,依托黄山和徽州两个IP,通过科技赋能推动文旅产品数字化转型、智慧化升级,加快培育数字旅游体验新场景;成立数字创意产业协会,举办数字创意产业峰会,培育全市文旅领域数字媒体、徽剧和创意设计等人才项目

22个；通过创意赋能，推动传统产品的现代表达、时尚呈现，让徽文化、古村落、传统工艺"活"起来、"热"起来。

其次，数字化转型重塑旅游业游客的体验价值。以产品（服务）为中心的价值创造过程主要关注用户对产品功能的需求。数字技术与实体经济深度融合背景下，价值创造主体通过虚拟技术创造"场景"实现"产品+场景"的组合，旅游产品的价值从单一的使用功能扩展到情感互动、价值观和文化传播功能。例如，湖南省常德澧县城头山旅游景区，以"稻梦奇妙夜·梦幻城头山"为主题的大型灯光秀，用8000万盏霓虹灯打造了一个梦幻宇宙空间，运用国内前沿科技手段、特效装置和多媒体科技打造的互动环节将各种真实自然场景立体呈现，实现光与影、自然与科技、现实与梦幻的多重结合，为游客带来了一场以"黑科技"颠覆想象的深邃梦境之旅，十分惊艳。

最后，数字化改变了旅游产业链的整合和协同。数字化转型促进了旅游产业的跨界合作，上游产业链主要包括旅游景区和旅游交通等环节，中游产业链主要包括旅游住宿、旅游餐饮和旅游购物等环节，下游产业链主要包括旅游服务等环节。旅游服务提供旅游咨询、导游等服务无缝衔接。例如，旅游业与文化创意产业的融合将为游客带来更加丰富的文化体验；旅游业与智能制造产业的融合将推动旅游装备和设施的升级和更新换代。旅游业数字化开拓的新领域、新赛道、新动能、新优势，是推动旅游业高质量发展的必由之路。

二 旅游业数字化转型的未来蓝图

旅游业数字化转型是基于旅游数字化内容、数字化服务、数字化营销、数字化管理等方面的创新应用，是对旅游消费链、服务链、产业链的价值再造过程，通过放大旅游业线上与线下服务效应、现实世界与虚拟世界的交互效应，极大地拓展了旅游业未来发展的空间。未来旅游业数字化转型将呈现以下几个发展趋势。

1. 数据资源管理与大数据分析应用

旅游业对于大数据技术的应用多数还停留在，根据业务量数据进行统计分析、根据颗粒数据的简单关联结果来反映实际发生的业务水平或者进行短期单一型业务流量预测的初期阶段，如果需要发挥海量数据的更大作用，则需要建立更加科学合理的数据关联分析体系，挖掘多方主体运行所产生的旅游信息，提取视频、音频、图片等异构数据令其相互作用，对旅游业内某些重要业务维度的综合发展状况和影响因素间存在的关系进行全面衡量。例如，通过互联网OTA平台综合评论情况，结合语义分析和自然语言处理等技术，可对特定区域的整体旅游舆情情况进行综合评定；或通过算法模型量化区域内世界文化遗产数量、旅游景区规模、文保单位数量、空气质量、物价水平等影响因素，并对这些因素进行权重配置和算法设计，以测评当地旅游形象指数及旅游发展潜力指数等；或通过人工智能技术结合旅游资源信息标签库，通过简易需求测试问卷为游客生成详细的行程推荐。大数据的分析应用将成为旅游业数字化转型的重要基石，让智慧旅游、定制旅游等服务无缝对接，实现精准供给。

2. 虚拟现实技术的广泛应用

虚拟现实和增强现实技术将进一步突破，为旅游业带来更加真实、身临其境的虚拟现实体验，未来我们有望看到更加逼真的虚拟旅游世界，不仅包括视觉和听觉的模拟，还可能涉及触觉、嗅觉等多个感官的模拟，游客在家中就可以身临其境地游览名胜古迹，感受名山大川的壮丽；也可以在旅行中通过增强现实技术获取了解当地文化背景和历史，提升旅游体验的深度和广度。未来，VR技术可能会与人工智能、大数据等技术相结合，为游客提供个性化的旅游推荐和定制化的旅行方案。例如，通过分析用户的兴趣、出行偏好、历史行程等信息，VR技术可以为用户推荐最适合、最有趣的旅游目的地和路线；同时，VR技术还可以实现多用户之间的互动和合作，实现更具社交性的旅行体验。

3. 元宇宙旅游的应用展望

"元宇宙旅游"给用户带来的"沉浸式体验"不是单纯地停留在文字、图片和声光电等物理层面，还能实现线上多人同时游览一个景区，在虚拟空间中自由交流并续写新故事，甚至自由创造出一个完整的虚拟景区。在这个空间中，游客不仅可以和陌生人交流、社交，还能通过沉浸式影像，完成"面对面"互动体验，让其拥有高度参与感，更有幸福感的社交体验。未来，旅游业可以借助"元宇宙"来建构新的消费场景，创建新的游玩体验，让商家可以严选时下最流行的游戏和互动内容，进行线上多人狂欢、自由社交、实时竞技等多种玩法。通过精心打磨的游戏和互动内容，让景区、商家等"元宇宙"场景真正活跃起来，实现景区、商家最佳线上营销和运营效果。元宇宙与旅游业的结合，不限于利用VR、AR等3D渲染设备实现景区项目的宣传和推广，未来还需要利用元宇宙多维的数字虚拟环境、开放式的文创生态、独一无二的数字资源，构建一个可以广泛存在、自由发展的旅游虚拟世界，实现景区、住宿、纪念品、虚拟人物等全方位的产业生态系统创新。

三 旅游业的数字化发展路径

旅游业数字化转型已经起步，而要让数字经济的魅力、价值充分释放出来，未来应着力营造良好数字生态，推动数字经济和旅游业产业链各环节、核心业务的融合，拓展新发展空间。

（一）营造良好的数字生态，助力旅游业转型升级

良好的数字生态是旅游业数字化转型，实现高质量发展的基础。其一，相关职能部门应按照放管并重的原则，进一步为旅游市场主体减负松绑。通过简化及降低进入旅游企业数字化的门槛，充分释放数字经济赋能旅游业的市场活力。以往的旅游，更多是聚焦在线下交易场景，去旅游现场进行消费，只有订酒店机票才会提前在线上完成。2023年的旅游，在线上场景又延伸了更深的维度：请导游、参团、门票、购物等一条龙都可以在直播间完成，同时还在不断"卷"价格，不得不说，背后很大的功劳要归功于直播的助推。随着"东方甄选"等越来越多主播账号的入局，旅游直播已经常态化，如俞敏洪、董宇辉甚至还会亲自上任，担当导游的角色，为观众讲解景点背后的历史典故，每一次出行的相关短视频播放量也能突破几亿人次，为直播再带来一波声量。用户也是如此，很多人甚至都养成了做旅游攻略，先去各大主播直播间捡漏团购的习惯。大大小小的互联网巨头，同样都在抢文旅这块蛋糕。美团、抖音、快手等互联网巨头，以及携程、同程旅行和马蜂窝等老玩家，都在加速布局文旅市场，甚至开始自己下场做直播，团购平台内的旅游直播屡见不鲜。

其二，要完善旅游业的市场监管政策，根据旅游业的新型数字化业态、模式、产品的特点，定制监管准则和标准。2023年的"双十一"前夕，各大平台的主播却先后因为各种负面新闻闹得沸沸扬扬，前有小杨哥、李佳琦等围绕"最低价"引发争议，后有小杨哥徒弟因画风诡异而被嘲上热搜。在直播带货爆炸的时代，要重点引导旅游互联网平台企业良性竞争，规范平台经营者与平台内经营者的合作方式，推进建设更加公平的竞争性市场环境。

（二）聚焦核心业务的场景化解决方案，打造沉浸式数字文旅

沉浸式数字文旅是从供给为主导的批量生产方式逐步转向以需求为主导的个性化生产方式的集中体现。利用 AR、VR、AI 等技术，加快旅游资源上线工作。满足游客不喜欢人挤人，又想拥有过节放假的仪式感需求。上海迪士尼的"翱翔·飞越地平线"是在迪士尼加州冒险乐园的基础上全新演绎而来，通过虚拟仿真技术，让游客可以俯瞰世界最具代表性的地标景点，享受一次沉浸式的飞行之旅。

丰富旅游资源的线上供应以及推动在线传播。通过"科技+文旅"，打破表现形式和游客之间的界限，使观众走进演出场景和娱乐场景中，并与演员或场景进行互动，有着故事性、体验性、参与性和互动性等特征的沉浸式数字文旅，体验覆盖文化旅游过程中"食住游娱购"等多个方面，主要包括全息餐厅、VR 酒店、沉浸式旅游演艺、沉浸式主题公园、数字体验展、AR 旅游纪念品等业态。例如，西安的华清池景区利用高科技舞美灯光《长恨歌》，将历史故事与实景演出相结合，重现 1300 多年前华清宫里李隆基与杨贵妃的爱情故事。长安十二时辰景区，首次将影视剧 IP 全场景还原，以"唐食嗨吃、换装推本、唐风雅集、微缩长安、情景演艺、文化盛宴"六大沉浸场为核心，让市民游客能够在长安十二时辰一秒入唐，尽享唐风唐韵。

（三）加快产业链数字化转型，推动旅游业协同创新发展

第一，加快产业链数字化进程应丰富在线旅游数据，实现旅游行业智能化。利用物联网、大数据、云端等技术把旅游业生产与服务过程上线，形成巨量的产业基础数据。智能化的供应链管理可以使旅游产业更加高效和智能化。通过数字化系统的自动化协调和监控，可以优化旅游产业的采购、配送、库存等环节，降低成本和人力投入，提高效率。例如在日本的富士山景区，游客可以通过智能导游系统，在任何时间任何地点获取富士山的历史文化、风土人情、自然风光等相关信息，并且享受旅游服务的超前体验。

第二，推动智能算法、图像识别、语音识别、机器翻译和自然语音处理等人工智能技术和大数据在景区预测中的运用，增强供应链管理。智能化的供应链也可以保障旅游产业的品质和服务，提高客户满意度和口碑宣传。旅游供应链是指旅游产品的生产、流通和销售过程中所涉及的各个环节，包括供应商、采购商、分销商、旅行社等。采用信息化技术是实现旅游供应链管理的重要途径，它可以提高供应链的信息流程和效率，加强供应链的透明度和可控性，从而提高供应链的效率和质量。然而现实中，旅游业的信息化建设相对滞后，供应链管理中信息化应用不充分，信息流程不畅，影响了供应链的效率和质量。例如在旅游旺季，如何建立模型智能预测，将旅游业资源合理分配到旅游活动的各个环节，提高游客的满意度。

（四）运用数字营销加强旅游宣传推介，发展"线上+线下"融合的旅游发展模式

数字营销指借助互联网、电脑通信技术和数字交互式媒体实现营销目标的一种营销方式。它利用先进的计算机网络技术，以最有效、最省钱的方式谋求市场开拓和消费者挖掘，能够以一种针对性极强、及时、相关、定制化和低成本的方式与消费者进行有效沟通。应充分发挥抖音、快手、B站、小红书、今日头条等各类数字平台的大数据优势，综合运用各种技术手段和营销策略，增强市场竞争力。通过建立网站和社交媒体账号，提供各种旅游信息、旅游攻略、旅游产品和服务，吸引用户访问和关注。通过SEO优化、SEM广告投放、社交媒体推广等多种方式，提高网站的曝光度和排名，增加流量和转化率。利用大数据分析和人工智能技术，了解客户需求和偏好，定制个性化的营销方案，提升用户体验和满意度。通过虚拟现实、全息投影、数字化导览等创新科技手段，提高旅游产品和服务的质量和特色，增加用户粘性和口碑传播。建立好口碑，让用户在旅游过程中获得好的体验，通过用户口碑的传播，吸引更多的潜在客户。例如，国内掀起一股旅游局长"内卷"热：湖北随州"丑出圈"的解伟，黑龙江塔河"冰雪女局长"都波，广东鹤山会打咏春拳"携武出战"的谢文清，以及四川甘孜州道孚县"科幻局长"降泽多吉等，都是旅游业数字化营销方式的新尝试。

（执笔人：吴文智，华东师范大学经济与管理学院副教授，中国市场学会研究部副主任；许璐，西安理工大学经济管理学院讲师）

养老服务产业数字化转型

人口老龄化是全球的共性问题。中国老龄化和少子化进程在明显加快,如何高质量养老,成为学界业界普遍关注的焦点问题。要解决这个问题,需要全社会多措并举,而推动养老服务数字化转型是必不可少的重要环节。本文旨在阐释养老服务数字化转型的意义、内涵与问题,并探索其切实可行的对策建议。

一 意义和内涵

当前,中国已进入人口老龄化快速发展阶段,养老问题已成为中国重大民生问题之一。根据国家统计局发布的数据,2022年年末,中国60周岁及以上人口约为2.8亿人,占总人口的19.8%;其中65周岁及以上人口约为2亿人,占总人口的14.2%。人口老龄化程度不断加深,社会对养老服务的需求不断增长,养老服务的供给压力不断增大,养老服务的供需长期处于不均衡、不匹配且低质低效的状态,传统的养老模式已无法满足现有的养老需求。在新一代信息技术的驱动下,养老产业的数字化需求逐渐显现,利用数字化手段优化养老产品和服务供给结构，推动养老产业进行数字化转型，提升养老企业服务质量，是解决中国养老问题的有效路径和必然选择。

养老服务产业数字化转型通常是指基于新一轮科技革命和产业革命，以老年人服务需求为导向，通过运用物联网、云计算、大数据、人工智能等新一代信息技术，将软硬件技术产品嵌入养老服务过程中，以满足老年人多层次、个性化养老需求的一站式管理和服务，推进数字化、信息化、智能化技术在居家和社区养老服务领域的融合创新应用，从而实现居家和社区养老服务工作转型升级。

二　面临的问题

近些年来，国家出台了系列措施，有效推动了传统养老产业的数字化转型，数字养老产业发展迅猛，但也存在一些亟待解决的问题。

（一）养老服务企业数字化转型意愿不强

首先，养老服务企业进行数字化转型需要投入大量的资金成本，对于一些规模较小或财务状况不佳的养老服务企业而言是一个不小的负担，并且养老服务行业是一个投资回报周期较长的行业，不确定性以及风险都比较大，这种不确定性和风险会降低养老服务企业进行数字化转型的意愿。其次，有一些养老服务企业认为只要其他企业实现了数字化转型，自己就可以从中受益，因此就没有必要自己冒风险进行数字化转型，这种"搭便车"的心理可能会导致企业缺乏进行数字化转型的动力。再次，养老服务行业长期以来都遵循传统养老服务模式，传统模式在管理、服务交付和信息流程上形成了一套相对稳定的体系，而数字化转型对这种体系提出了全新的挑战。企业管理层可能担心数字化转型带来的不确定性，担忧新的技术体系是否能够顺利融入既有的运营体系，因而产生抵触情绪。最后，在养老服务产业中，有一些养老服务企业在管理层和基层员工中普遍存在对数字化转型认识不足的问题，缺乏对数字化转型的必要性和紧迫性以及数字技术应用优势的充分认识。这也导致从业人员可能更倾向于坚守传统模式，而不愿意冒险尝试数字化手段。

（二）缺乏数字养老产品和服务标准

首先，由于缺乏数字养老产品和服务标准，不同企业在产品以及服务设计和开发上存在较大的差异，导致市场上涌现出各式各样的数字化养老产品和服务。这些产品和服务的差异性不仅使养老服务企业在推广其产品和服务时难以形成规模效应，也使老年人在选择和使用养老产品和服务时面临更多的困扰。缺乏统一标准使整个数字养老产业难以协同发展，也难以形成强大的产业合力。其次，由于缺乏统一标准，数字养老产品和服务的质量难以保证。不同产品供应商可能采用不同的技术和标准，这使得产品之间的兼容性和互通性受到挑战。老年人使用不同的数字化产品和服务时可能面临操作不便、数据传输问题等情况，严重降低数字化产品和服务的整体可用性和用户体验感。最后，当前各级政府和养老企业都在打造信息平台，由于缺乏标准，养老服务机构引入了不同的系统和平台，但这些系统和平台之间存在不兼容的问题，导致数据无法有效交换和共享，从而形成了"数据孤岛"，造成了相关资源利用率低下、重复建设、信息难以实现共享共用等诸多问题。

（三）数字养老产品和服务供需不匹配

首先，数字养老服务供给未能充分考虑、迎合养老服务需求。现有的一些数字养老产品和服务没有充分考虑老年人的实际情况，复杂的操作界面和繁琐的流程加大了老年人的使用难度，同时，还存在一些与老年人需求不完全匹配的产品和服务，这些产品和服务的使用率以及普及率都不高。其次，现有的数字养老产品和服务的数量与种类无法完全满足当前的养老服务需求。目前，数字养老产品和服务的供给对象主要是低龄、健康的老年人，尚无法满足所有老年群体的需求。从供给内容上看，现有的数字养老产品和服务主要是针对大众化以及高需求进行研发设计的，无法满足老年群体的个性化需求，也无法对老年群体的养老需求实现精准匹配。再次，数字养老服务供给的质量存在问题。由于养老服务企业在数字专业人才队伍和服务人员素质、培训以及关怀程度等方面存在差异，企业开发出来的数字养老产品和服务质量参差不齐，无法完全满足老年人的高服务质量需求。最后，"未富先老"是中国老年群体的一大显著特征，然而现有的数字养老产品和服务价格都比较高昂，大部分老年人无法负担这个费用。

（四）老年人"数字鸿沟"问题

首先，老年人对数字养老产品和服务存在抵触情绪。养老服务的主要对象是老年人，然而，由于年龄、受教育水平、技术接受度等方面的差异，老年人对于数字化的认知和接受度存在较大的差异。一些老年人可能因为对于数字技术的陌生和不信任,就对数字化的养老产品和服务持怀疑态度,甚至存在抵触情绪。其次,老年人的数字素养较低。老年人随着年龄的增长,可能会出现视力、听力等感官功能的退化,以及学习新事物的能力减弱等问题,目前许多数字养老产品和服务都要借助手机、电脑等数字设备,并且有些应用程序的界面复杂、操作繁琐,这使得他们在使用数字养老产品和服务时面临更大的困难和挑战。最后,老年人对数字养老产品和服务有防备心理。在养老服务行业数字化转型的过程中,新的概念和技术层出不穷,老年人可能对这些新概念和技术产生困惑和不安。例如,智能健康监测设备、在线医疗服务等新兴数字化产品对于老年人来说可能是全新的概念,他们可能会对这些产品的效果和安全性产生疑虑。同时,频繁曝出的网络诈骗等社会新闻,让部分老年人产生防备心理,对数字产品和服务望而却步。

三　对策建议

(一) 加大政府支持,提高企业转型意愿

政府支持是养老产业数字化转型的基本保障。一是政府需要做好顶层设计,明确养老产业的发展方向,为数字养老产业提供一个清晰的发展蓝图。在此过程中,政府需要充分考虑养老服务的核心需求,以及数字化技术的优势和局限,确保数字化转型能够真正地提升养老服务的质量和效率。二是政府需要在政策扶持、税收减免等方面给予倾斜。通过提供税收优惠、资金补贴等政策支持,激励更多养老服务企业进行数字化转型。这样不仅可以为数字养老产业提供更多的资源和支持,还可以刺激市场竞争,推动数字养老产业的发展和创新。三是政府需

要放宽市场准入条件。通过降低市场准入门槛，吸引更多的企业和社会资本进入数字养老产业。这不仅可以刺激数字养老产业的发展，还可以为老年群体提供更多的选择。同时，政府还需要加强对市场准入的监管，确保公平竞争和规范市场秩序。四是政府应加大对数字化技术的投资力度。通过投资数字化技术的研发和应用，推动数字养老产业的发展和创新。例如，政府可以将养老服务业领域的数字化技术硬件和软件作为现代公共基础设施，广泛地配置于养老服务业中。这样不仅可以提高养老服务的效率和质量，还可以降低运营成本和服务价格。五是建立市场监督体系，加强合作过程中对异质主体的效率与质量评估和监督，并匹配相应的惩罚约束机制，尽可能减少或消除合作中的"搭便车"现象。

（二）构建数字养老服务标准体系，打造信息共享平台

一是政府应牵头制定严格的数字养老行业标准。这包括产品的技术规范、服务的操作流程以及与老年人需求相匹配的功能要求等。这些标准的设立旨在确保数字养老产品的安全性、可靠性和用户友好性。政府在制定标准的过程中应广泛征求行业协会、专业机构和企业的意见，以形成全面、科学的标准框架。标准的科学性和实用性是保障整个数字养老服务体系顺利运行的基础。二是必须建立定期评估标准的机制。这意味着政府需要组织专业的技术评估团队，定期审查和更新数字养老服务标准，确保其与最新的技术和科学进展相适应。这种机制的设立既能够及时修正标准中存在的不足，也有助于确保标准的前瞻性。只有在不断变化的数字技术环境中持续调整标准，才能够保证数字养老服务始终处于科技的前沿，满足老年人及其

家庭不断变化的需求。三是为了促进信息共享和技术交流，应当建立数字养老产品和服务的信息共享平台。这一平台的任务是为企业提供一个上传符合标准的产品信息的统一渠道。通过这个平台，消费者能够更全面地了解不同产品的性能、特点以及符合的标准，从而更加明智地选择适合自己或老年亲属的数字养老产品。同时，这也有助于促进企业之间的信息交流和技术共享，推动整个数字养老服务行业的发展。在建设数字养老服务标准体系和信息共享平台的过程中，政府、行业协会、专业机构和企业之间的密切合作至关重要。只有通过各方的共同努力，才能够确保标准的科学性和实用性，推动数字养老服务体系朝着更加健康、智能和人性化的方向不断发展。这不仅有助于提高老年人的生活质量，也为数字养老服务行业的可持续发展奠定坚实基础。

（三）优化服务供给，实现供需精准匹配

一是必须着力形成一种根据老年人群体需求设计差异化服务的资源匹配模式。其一，建立有效的数字化反馈渠道，以实现养老群体对养老服务需求的及时反馈。通过这一渠道，可以实现养老服务内容与老年人需求的精准对接，使得服务提供方能够更全面地了解老年人的期望和诉求。其二，建立服务提供方接收并实时分析老年人群体需求的平台系统也至关重要。这种系统可以帮助服务提供者更好地调整其服务内容。这种基于老年人群体需求的差异化服务匹配模式有助于更好地满足老年人的个性需求，提高服务的实用性和满意度。二是构建涵盖普遍性服务与差异化服务的多元主体分层协同供给模式。对于那些具有社会福利属性的生活照料服务，应当明确以政府、社会

公益组织等供给主体为主导。这些服务可以通过购买、财政补贴或直接由这些组织自身提供。这样的安排有助于保障老年人基本的日常生活需求，使得社会福利资源能够更公平地分配。而对于一些专业化要求较高、需求差异化较明显的医疗卫生服务、精神慰藉服务等，应以政府、市场、社会多元主体融合供给为主。在这方面，政府可以提供基本医疗服务或提供资金保障，而市场主体则可以在医保支持的情况下提供差异化、高水平的医疗服务。这样的多元主体协同供给模式有助于提高服务的多样性和质量，满足老年人更为复杂和个性化的健康需求。

（四）多重措施并举，助力老年人跨越"数字鸿沟"

在推进数字化养老服务的过程中，需从多个方面采取专业而有针对性的措施，以确保老年人更好地融入数字化社会。一是建立健全数字化养老的宣传体系。这需要政府通过多种媒体渠道，如电视、广播、互联网等，向老年人普及数字化养老的相关知识和好处。宣传内容应注重强调数字化养老的便捷性、安全性以及提升生活质量的优势，以消除老年人对数字技术的抵触心理。专业的宣传体系应基于老年人的心理特征和认知水平，提供易于理解的信息，确保信息传递的有效性和可信度。二是制定全面而系统的数字素养培训计划，覆盖广泛的老年人群体。这个计划应该结合社区、老年大学等场所，以面对面的培训形式传授相关知识。培训内容应包括基本的数字设备使用技能、网络安全知识以及应对常见数字化服务的操作技能。培训过程中应注重个体差异，根据老年人的学习能力和习惯，制定差异化的培训方案，确保培训效果。三是为促使数字化产品和服务更好地适应老年人的需求，需要鼓励和引导服务提供方优化产品设计。产品界面应当简洁明了，功能操作要直观易懂，避免过多繁琐的操作步骤。政府可通过奖励制度激励企业优化设计，提高产品的老年友好性。这包括对符合老年人使用特点的产品给予财政奖励或税收减免，以刺激企业加大在老年友好型产品研发上的投入。此外，政府还可与行业协会合作，共同制定老年友好型产品的评价标准，推动行业内部竞争中产品设计的提升。四是给予老年人资金扶持。政府可通过社会福利基金、补贴政策等手段为老年人提供资金支持，以降低老年人参与数字化服务的经济门槛。这包括提供购买数字设备的资金支持、减免参与数字培训的费用等方式，以确保老年人能够更轻松地融入数字化养老服务体系中。

（执笔人：李坚飞，湖南工商大学工商管理学院副院长、教授，中国市场学会副秘书长；刘芗妍，湖南工商大学工商管理学院硕士研究生）

金融业数字化转型与建设金融强国

中国金融业取得的成绩举世瞩目，但大而不强的问题依然存在。比如，金融支持实体经济效力没有充分发挥，金融要素资源配置效率较低，有效监管和市场创新之间协调难度较大。随着数字经济时代的全面来临，数字技术和金融业融合发展不可逆转，金融业数字化势在必然。

一 数字化转型有助于推动金融要素向实体经济聚集

服务实体经济是金融业的天职，但金融要素的稀缺性，决定了资金的供给和需求可能并不能在任何时空都实现精准的匹配。现有关于金融资源配置效率的大量国际研究表明，资金的脱实向虚是一个世界性的难题，主要原因在于货币被信用化之后，金融活动日趋多样，货币金融与实体经济的界限开始趋向模糊。对于金融机构来说，在一个不考虑监管要求和风险等同的假设前提下，同等的资源投入，"体内循环"很可能会带来更高的投入产出比。如此一来，金融服务实体经济将是一个空中楼阁。但这并不意味着金融与实体经济是对立的关系，恰恰相反，金融对实体经济的作用有目共睹。这一作用的发挥，有赖于正确认识金融与实体经济的辩证关系。从这个角度来说,自上世纪中后期逐渐兴起的金融中介理论,为我们正确认识这一问题打开了一扇窗口。

根据该理论,储蓄与投资的转换过程,需要金融中介来完成。所以,想让金融支持实体经济,最根本的就是要发挥好金融在推动资金这一生产要素向实体经济流动过程中的中介作用。因为从严格意义上来说,各种金融中介机构在信用创造过程中或者说在促使储蓄者和借款者之间的信贷循环上起着关键作用。[1]虽然在浩繁的经济学研究历史上,金融中介理论的提出时间并不长,但一个基本共识是,传统理论所谓的节约交易成本、消除信息不对称以及参与成本等则属于上述过程的伴随效应(by-effect),只是金融中介理论更为强调信息的不对称。[2]换句话说,金融支持实体经济效率不高的原因在于信息匹配出现了问题。

这些研究共同指向了一个关键所在,那就是在推动生产要素向实体经济聚集的过程中,如何确保资金供需双方信息的尽量对称。如果沿着这个思路进行分析,则需要将市场分为直接融资市场和间接融资市场进行区别看待。就间接融资市场而言,由于通常是以商业银行为中介,金融中介本身就是向顾客出售金融服务并从中获利的,所以商业银行往往依托自己的授信系统来进行风险识别、风险定价和风险缓释。在这一市场中,商业银行扮演着主动寻找信息并进行匹配的角色。但就直接融资市场而言,由于和间接融资在融资方式、风险承担和后期的权

---

[1] John G. Gurley, Edward S. Shaw "Financial Intermediaries and the Saving-Investment Process", *Journal of Finance*, Vol. 11, No. 2, 1956, pp. 257 – 276.
[2] 张杰:《金融中介理论发展述评》,《中国社会科学》2001 年第 6 期。

责利等方面存在显著不同,所以这一识别过程需要资金需求方和供给方自行完成,典型的模式如风险投资,这是一个投融资双方双向选择的模式。

大量的经验事实表明,虽然这两个市场在对依托信息进行资金的供需匹配上存在着截然不同的区别,但都对信息这一核心要素有着共同的需求。换句话说,对信息的掌握程度,在很大程度上决定了金融要素的配置效率。这也就是为什么,一些很有前景但是自身为轻资产的科技型中小微企业,往往无法得到商业银行授信的足够支持,相反却很容易得到股权融资机构的青睐。

造成这一现象的一个表面原因恐怕在于,传统授信模式无法精准识别这些企业是否能够满足银行风险敞口覆盖的信息需求。但随着数字时代的全面来临,现代技术特别是网络技术的发展,改变了服务业低效率的基本性质,引起了广泛的资源重组与聚合,[①]这使得商业银行过去所依赖依存的授信模型和风控体系发生了根本性的变革。日益脱媒的金融趋势,使得商业银行业务离柜率不断攀升,过去赖以依存的物理网点,正在从利润创造中心转变为成本中心。[②]但是,随着数据作为生产要素进入生产—流通—交换—消费环节,[③]大数据、人工智能和云计算的广泛使用,知识和创新得以被进行风险识别、定价和交易,这大大缓解了商业银行传统授信模式在服务实体经济方面的短板。从这个逻辑来说,金融业的数字化转型,明显有助于推动资金这一生产要素向实体经济流动。

---

① 江小涓:《高度联通社会中的资源重组与服务业增长》,《经济研究》2017年第3期。
② 肖宇、史楠:《商业银行数字化转型的主要模式与路径研究》,《全球化》2022年第6期。
③ 夏杰长、肖宇:《新实体经济赋能中国经济现代化:作用机理与实施路径》,《社会科学战线》2023年第3期。

二 数字化转型为中国金融机构
提升国际竞争力赋能赋智

中国金融机构"走出去"的能力不足,在全球开展业务,为全球范围内提供金融服务保障的能力还不能完全满足快速发展的中资企业全球性的业务需求,中资金融机构在国际金融规则制定中普遍缺乏话语权。随着"双循环"新发展格局的稳步推进,提升中国金融机构的国际竞争力迫在眉睫,是走传统的老路做大资产负债规模,还是依靠技术进步,走出一条"节本增效"的新路子,从而实现弯道超车,已成为当前中国金融机构必须要回答的问题。

站在全球产业演进的角度,从国家层面来看,为应对快速而广泛的数字化转型,《中华人民共和国国民经济和社会发展第十四个五年规划和2035年远景目标纲要》明确提出,要打造数字经济新优势,促进数字技术与实体经济深度融合。同时要维护金融等重要基础设施安全,守住不发生系统性风险底线。金融业作为国民经济"双循环"的重要部门,积极适应数字化时代的客户行为变化和业务经营模式变革所带来的根本性挑战显得尤为重要。

在数字经济全面来临的时代,作为经营风险的机构,实现底层逻辑的数字化转型已是任何一家金融机构都无法回避的问题。以银行业为例,在对远程金融服务进行研究的过程中,商业银行的数字化和信息化转型升级,能够有效降低物理场所经营风险,有助于压缩存量贷款余额风险敞口,帮助商业银行实现资产投放的精准滴灌,提升商业银行的内部风险管控水平,助力商业银行有效应对跨界竞争。以商业银行最传统的授信业务供应链金融为例,借助大数据等先进的算法,商业银行可以更为客观、清晰、全面、准确地掌握客户的全业务流程,从而更好地进行风险定价和有针对性地覆盖风险敞口。

总结来看,西方发达国家在应对金融业数字化挑战中的主要做法可以总结为以下三点:其一,鼓励建立开放式的金融生态,以至于在英国出现了专注于金融科技的数字银行斯塔林(Statling Bank)和原子银行(Atom Bank);其二,大力鼓励传统商业银行数字化转型,以适应不断线上化的服务需求,建立了能够迅速响应的敏捷化金融服务体系;其三,明确了金融实质性原则,强调要将数字银行纳入金融监管体系。这充分说明,利用现代化的数字技术,对金融业的业务模式和商业逻辑进行深度重构,已成为全球金融业的普遍共识。

在数据的跨境流动、数字税收的协调和知识产权保护等领域,全球主要经济体正在展开激烈的博弈。[①] 对比来看,以美国为首的发达国家,都试图通过在全球范围内输出自己国内的标准,从而想建立一个由自己主导的国际数字治理体系。相比之下,由于缺乏系统性的治理机制,中国在数字经济领域的国际规则话语权还偏弱。考虑到国际"游戏规则"制定的重要性,在这一领域话语权的缺失,显然会成为中国建设金融强国的一个短板。

整体来说,下大力气鼓励支持国内的金融机构加快数字化转型的步伐,这不仅有助于提升金融机构长远发展的内生动力,

---

① 肖宇、夏杰长:《数字贸易的全球规则博弈及中国应对》,《北京工业大学学报》(社会科学版)2021年第3期。

而且还能够推动形成一批好的治理模式，从而真正提高中国金融机构在国际市场的竞争力。在不断扩大开放的中国金融市场面前，国内市场不可避免地将面对来自更多国外金融机构的竞争。从比较优势的角度来看，以数字化为手段，显然不失为中国金融机构在数字时代占据国际竞争战略制高点的一个有效策略。

三 数字化转型需要建立一个运转高效的金融监管体系

建设金融强国的一个基本底线，是不能发生系统性的金融风险。从内在逻辑来看，这既是金融强国建设的出发点，恐怕也是金融强国建设的落脚点。

数字化进程对中国商业模式的创新和产业数字化功不可没，但带来的问题也不容小觑。这些问题突出表现在，当前国内市场数字企业垄断问题早已引起了社会关注，数字算法所带来的隐私保护问题同样饱为大众诟病，跨界创新所带来的数字鸿沟和数字歧视也屡见不鲜。所以，如何找到一个数字经济时代针对金融业的有效监管方案，是企业、社会和监管层的普遍期待。

从这个角度来说，金融业的数字化转型可能给数字时代的有效监管提供了一个重要启发，那就是应该对日益广泛的数字化转型在金融领域的表现持有何种态度。当前金融业数字化转型在方法论层面，主要由大数据、人工智能、云计算、物联网等技术来对传统的金融逻辑进行表现形式的重塑。这也为构建一个更为有效的金融监管体系提供了一个思路上的宝贵启发。也就是说，在金融界眼花缭乱的新产品和新服务背后，其本质都是资金这一生产要素的供给和需求。因此，数字时代的金融监管需要秉持一个基本原则，那就是金融实质性。通过穿透原则，将所有的新业态根据金融实质性原则纳入现有的监管体系，确保所有金融活动都在有效监管的范围内，防止监管套利。

但建立健全一个数字时代有效的金融监督管理体制，不仅需要高度重视金融风险的防范，更需要创新工作方式和方法。因为作为一个新生事物，金融业的数字化转型可能还面临着很多需要突破的地方，如果管的过严很容易带来创新的抑制，这显然与国家鼓励支持创新的要求不匹配。如何在既能有效鼓励创新又能切实防范风险之间求得平衡，这极其考验政策制定者的智慧。

对待一个新生事物的有效监管机制，应该是在鼓励创新的基础上"划定刚性底线，设置柔性边界"，最终形成一个"机构自治、行业自律、社会监督、政府管理"协同共治的良性治理格局。具体来说，监管层要加强对行业现状和国际前沿的动态研究，平衡好安全和效率的关系，既要以包容的态度对待金融业的产品和服务创新，也要及时跟进进行风险识别。在鼓励金融机构数字化转型的同时，还要制订好相对应的应急计划和处置方案。

（执笔人：肖宇，中国社会科学院亚太与全球战略研究院副研究员）

案例篇

数字化构建服务业发展信任机制

服务产品是无形的,其生产和消费过程是同步的,服务质量是不可见的,需要消费者体验后才能进行完整的评估。因此,在服务业发展过程中存在着严重的信息不对称,这导致很多服务业领域因为缺乏信任机制而无法获得快速发展。如果不能建立起信任机制,服务需求就只能是一种潜在需求。但在数字经济时代,通过数字化赋能,一些平台企业积累了用户评价、企业行为、服务者特征以及其他相关数据,并利用其技术能力等,对供应者的服务质量、信用情况等作出客观评价,从而增加交易透明度,增强供需双方的信任机制,从而促进服务业发展。

一 先享后付的方式,推动了预付费服务领域的快速发展

在健身、美容美发等领域,普遍存在着预付费、年卡等消费模式。这一类模式对服务提供者而言,可以锁定稳定的客源,从而节省大量的营销成本,并可以进行更有计划性的投资。对消费者而言,预付费、年卡等消费模式使其能够享受更大的折扣,有着更稳定的消费预期,能够节省消费成本。但是,近年

来，很多运营者由于各种原因，在收取消费者支付的年费等预付费用之后，将其经营场所关停、"跑路"，使消费者蒙受巨大的损失。因此，整个预付费相关的服务行业就无法持续经营。

支付宝推出了"芝麻先享"，包括"大额阶段付"及"团购0元囤"等产品，使用户先享受商品和服务后付费，并获得相应的优惠，解决了预付费行业所存在的痛点问题，从而推动了这些领域更快更健康地发展。目前，支付宝平台上已有超1400万种商品或服务已支持芝麻先享。该模式有效地降低了用户的使用决策门槛，部分解决了服务质量体验性而带来的决策难题，从而增强用户消费时的安全感与信任感，提高用户的下单转化率，并以此增加商户的交易量。例如服务商西安合璧科技信息技术有限公司旗下产品小酷约课，以芝麻先享为基础，为瑜伽场馆提供拉新、转化，留存，管理全生命周期解决方案，助力瑜伽行业数字化转型，帮助乐瑜瑜伽的到店转化率达到69%，商家每月收入增加30%。

支付宝平台还推出了"安心充"等产品，进一步推动需要高信任机制的预付费场景和行业加速数字化。

储值型预付费模式有助于商家筛选高黏性、高净值会员，提高经营的稳定性。"安心充"是支付宝针对商家会员运营场景提供的数字化储值卡产品，顾客充值后，资金由第三方合作银行提供资金担保，随时可退款，减少了很多顾客在充值时对于商家"跑路"的顾虑，提高了充值积极性。据统计，中小商家（有收款码的商家）接入支付宝"安心充"功能后，平均用户消费频次提升1.1倍，客单价提升58%，用户消费金额提升174%。资金安全保障达到100%。

二 以信用方式免押，推动了租赁等领域降本增效

对租赁等行业而言，押金的存在增加了交易的复杂性，提高了交易门槛，增加消费者的消费风险，将降低消费者的消费欲望。对服务提供者而言，押金虽然使其经营风险得以降低，但减少了交易机会。支付宝利用芝麻信用推出的"芝麻免押"，通过芝麻信用授权，让用户先用服务，无需交押金。该产品帮助商家控制风险的同时，降低用户使用服务的门槛。目前租车、租物、充电宝、景区、酒店等已支持芝麻免押。在出行、酒店住宿、旅游等领域，芝麻免押已为上亿消费者累计免掉了4000亿元的押金。接入芝麻免押能力的商家，用户订单平均增长120%，客单价提高42%。

高信任的数字化对特定行业具有非常大的降本增效成果。例如，租赁行业通过数字化有较大的降本增效空间。租赁行业需要信任作为基础，风控成本高，租赁公司自行做风控，链路长，需要用户提供营业执照等各种资料，大多时候两天都完成不了，时间成本、人工成本高，用户流失率也很高。利用支付宝平台的信用能力，能够有效降低其风控成本。在运营模式上，传统的租赁模式都是倾向于线下交易，并且每个月都需要催收租金，有时候甚至会忘记收租，收租流程极其不方便，导致大多数订单交易流入线下，未沉淀于线上。租赁公司无法进行用户深度运营。其他生态环境中搭建租赁平台，获客成本高，有时一个点击成本需20—30元，流量增长极为缓慢。从需求来看，年轻、高净值的用户群体是租赁行业渴望的目标群体。近几年来，"以租代买"等形式越来越受到年轻群体的青睐。例

如，数码租赁平台"爱租机"接入芝麻免押能力后，直接下单的用户比之前提升了30%—40%，前8个月的免押率、准入率都提高了20%，同时不良率下降了近10%。而支付宝的技术能力，又能够帮助商家预防风险。2022年5月，"爱租机"就借助芝麻信用的异步风控能力，拦截了17笔高风险订单，大幅降低了共租用户的风险。

三 建立信任机制，推动了服务业商业模式转型

宠物经济是支付宝平台通过开放信任能力和机制，助力行业助力商家商业模式转型的一个案例。根据相关报告，2010年至今，中国宠物消费市场规模不断扩大，2020年市场规模超过2000亿元。猫狗人均单只年消费金额已经从2017年的4348元增长至2018年的5016元，2020年达到6653.9元。宠物消费占居民总消费的比例达到0.42%。课题组调研发现，养宠物的"95后"给宠物花的钱比给自己的多，宠物服务成交额增速比要远高于生活服务整体。

随着年轻人逐渐成为养宠主力军，"富养宠物，穷养自己"已经在年轻人心里成为一种共识，他们越发舍得给宠物花钱。也正是由于养宠观念的精细化，在年轻人眼里，养宠物就像在"养孩子"。他们更加注重宠物的生活质量。从定期护理到美容，再到过生日、上学，宠物们的生活越来越丰富和具有仪式感。因此，宠物的"类人化"趋势越发明显。由此，对于宠物服务，安全、安心、全链条周期的诉求也越来越大。宠物行业产业链条围绕宠物生命周期布局，覆盖食品、用品、医疗、洗美等多

种需求展开。支付宝平台数据显示，2022年以来，"宠物"相关的搜索增长超10倍，其"安全""强服务心智"，以及芝麻信用、宠物鼻纹识别技术等能力，促进了宠物领养等新商业模式持续发展，吸引越来越多行业商家布局宠物服务，推动了宠物服务行业的健康快速增长。

例如，"撸宠"是一家为遗弃宠物提供领养服务的平台。中国每年有5000万只宠物遭到遗弃，宠物领养具有较大的市场空间。但以往常见的领养平台送养人与领养人之间缺少信任背书，宠物活体本身又带有商品属性，容易在领养过程中引发一些争议。此外，市面上领养类App或小程序提供的能力大多只是一个领养信息发布平台，没有形成实现整个领养链路的能力。"撸宠"从创办之初就跟支付宝合作，也是首批接入芝麻证能力的支付宝小程序之一。通过使用芝麻证，可以使送领养双方快速建立信任桥梁，快速评估风险等级，规避传统领养平台的虚假信息多、广告泛滥、领养后续维护困难等难题。用户体验的提升不仅使平台领养成功率提高了30%，还给"撸宠"带来了100万+的月活跃用户数量（MAU）。又如，以"医疗+保险"为核心切入点的"云宠宝"，通过支付宝小程序提供宠物美容、寄养等全面服务，带动用户访问量超400万人次；并通过支付宝生活号进行宠物日常生活的慢直播，摄像头对着猫咪，直播间挂上服务购买链接，单场直播场观达到6万人次。

四 可信任的隐私保护机制，带动高隐私相关服务行业健康发展

支付宝平台将信用能力与技术能力相结合，推动了需要高

度隐私信任的行业快速发展。以手机回收为例，据抽样调查，中国现有 20 亿部废旧手机存量，且每年以 2 亿—3 亿部的速度增加。36% 的家庭有 1—2 部闲置手机，37% 的家庭有 3—5 部闲置手机，27% 的家庭有超过 5 部以上的闲置手机。中国废旧闲置手机总体回收率为 5%，53% 的消费者选择将闲置手机放在家中不管，而发达国家回收率已达到 50%。导致手机回收率低的一个重要原因是数据隐私方面的担心。二手手机涉及大量的个人隐私，消费者不愿意将其进入到二手市场。据调查，47% 的消费者因为担心隐私问题而不愿意使手机进入到二手市场。40% 的消费者认为二手手机如果信息处置不当，将会带来经济及其他方面的损失。为了解决这一行业问题，让商家更规范可信，让消费者更安心的回收，手机回收行业商家将支付宝特有的蚂蚁链能力和商户自身隐私处理能力进行结合，将隐私清除的视频和节点传到蚂蚁链进行存证，保证隐私清除过程的专业性和规范性，并通过隐私＋蚂蚁链存证双证书，解决了行业商户痛点的同时，也让消费者回收得更安心。

例如，"速回收"成立于 2015 年，是专业做数码回收的平台，业务模式是通过对手机等数码产品进行初步评估，然后再由双方确认后，帮助用户快速将闲置的二手电子设备变现。结合支付宝提供的数字能力，"速回收"支付宝小程序已实现用户下单即能获得信用预付款，获取蚂蚁森林能量球，由"速回收"代替用户向阿里公益捐款 2 元，全程可追溯的透明公益，最后还能由专业的公司对手机进行数据清除，保护用户隐私。从下单到交易，全链路借助能力的提升，建立良好的用户体验和品牌印象。从 2022 年年初到 10 月，"速回收"小程序业务订单量突飞猛进，下单率和客单价同步增长。小程序 MAU 较去年实现

5倍提升，来自支付宝小程序的订单已经占"速回收"总订单一半。

支付宝平台还将其特色的公益能力和信任能力结合，从而解决了衣服回收等行业的痛点问题，实现了更多的社会经济价值。

旧衣服回收具有较高的环保效益。Green Story 公司估计服饰时尚产业占全球温室气体（GHG）排放量的10%，到2050年将占26%。而普通消费者的衣服平均穿着次数为7—8次。如果能够循环利用，可将其碳足迹减少82%。中国旧衣服回收行业发展至今大概二十年，时至今日依然有很多用户认为回收旧衣服后的处理方式就是捐给山区人民，但实际情况并不是这样。一是目前我们国家已实现全面脱贫，随着经济发展，偏远地区的人们生活水平也在逐步提高，几乎没有人再需要旧衣服的捐赠。二是正规渠道回收到的衣服需要经过三道严格清洗消毒环节才能捐赠出去，再加上运输费用，整体成本还不如直接捐钱或者捐新的衣服。市面上很多伪公益的回收公司不具备正规的募捐资质，但会利用用户的捐赠心理促使其进行旧衣回收，回收到的衣服会进入不透明的处理链路，并没有按照对用户的承诺进行实际捐赠。这类伪公益造成的恶性循环不仅让用户对旧衣回收的合理性产生质疑与误解，也让政府对旧衣服作为可回收物在垃圾分类中没有得到正确引导处理而非常头痛。同时，旧衣回收箱是旧衣回收途径之一，但旧衣回收箱造价高，且普遍不具备用户交互系统功能，难以转化、沉淀成商户的数字资产。

在支付宝平台，线上消费者可以通过回收行为获得森林能量或者选择让商家代替消费者在支付宝公益项目进行一笔代捐，

案例篇

低碳和公益行为带动消费者更愿意进行旧衣回收，参与绿色循环，推动行业正规化。此外，线下消费者可以通过商户落地在小区的智能回收箱进行回收，通过 AI 扫描二维码进入小程序对捐献物进行拍照，系统会自动估算出投递物的重量，并给到能量。将原本不能被数字化的线下回收箱场景数字化，提供给居民更好的体验，也让政府能够对线下低碳行为数据进行了解。

例如，"鸥燕"是一家互联网旧衣回收平台，主营线上预约免费回收、箱体回收、政企回收服务。在支付宝，通过接入"蚂上回收捐"产品，用户每完成一次回收并确认捐赠，回收商即出资 2—3 元助力到用户指定公益项目中。捐赠与支付宝区块链技术结合，用户从回收到捐助全过程数据信息可追踪，让旧衣服助力真公益。再凭借蚂蚁森林、支付宝会员积分等功能，比如每回收 1 千克旧衣服即可得到 158 克蚂蚁森林能量，激发用户投递积极性。

总之，数字化为服务消费的信任机制问题提供了一个可能的解决方案，推动了需要强信任机制的服务消费。而平台利用其技术能力等，可以将信任对服务业发展的促进作用推到一个新的高度。

（执笔人：李勇坚，中国社会科学院财经战略研究院研究员，中国市场学会副会长）

平台推动低成本的服务业数字化

很多中小微服务业企业的数字化转型面临着时间长、成本高等问题。因此,降低服务业数字化的成本,对推动中小服务企业数字化具有重要意义。平台能够通过聚合需求、提供低成本的数字化工具和流量支持、聚合服务商降低服务业数字化转型方案的供给成本等方式来降低服务业数字化的整体成本,推动服务业数字化。

一 服务业数字化的成本直接决定中小服务企业数字化意愿

服务业数字化的成本并不低。从服务的特性来看,服务是一项特殊的经济活动,具有无形性、同步性、异质性和不可存储性。无形性指服务多属于行为而非物品,消费者难以事先感知和评价。同步性指服务产品的生产与消费同时进行,在空间、时间上难以割裂。异质性指服务产品不易标准化,质量难以保持稳定一致。不可储存性指大多数服务具有易逝性,可贸易性不足。这些特征,使服务业数字化转型既涉及技术问题,也涉及商业模式和生产组织形态;既涉及服务流程和获客方式,也涉及新消费场景搭建和新履约方式。因此，服务业数字化方案涉及大量的技术、数据、商业等诸多问题，其成本将非常高。

调研发现，数字化转型需要在前期投入大量成本，增加在网络、数字化设备、信息系统等资源方面的投入，在数字化转型过程中还会涉及基础设施改造、系统建设、人才培训和引进、运行维护等多个方面的成本，需要投入大量资金。随着数字化转型的深入，还涉及多种互补技术的协同，这些技术的应用需要企业持续投入资金。对中小企业而言，数字化转型的这个特征，使其在进行数字化投资时，面临着在哪些方面投资、按照什么时序进行投资等问题。从对一些咨询公司的调研结果来看，数字化转型项目难以取得理想效果的概率高达70%—80%。即使是一些有可能获得成功、有利于增强中小企业增长潜力的项目，其数字化转型所耗费的时间也非常长，不会带来立竿见影的收益和生产力提升，这将增加中小企业的投资沉没成本。

在服务业领域中，大量的企业都是中小微企业。从数量上看，2022年，中国小微企业和个体工商户在全国各类市场主体中的占比高达96.8%，整体数量近1.6亿户，对GDP的贡献占60%以上。从中小企业分布来看，服务业企业占据了绝对优势地位。据统计，服务业市场主体数量超过13000万户。这些企业资金实力不强，缺乏足够资金进行数字化的前期投入。因此，要推动服务业数字化，需要在平台的支持下，以低成本的数字化方案，才能使服务业数字化走得更深更远。

要实现低成本的服务业数字化，必须强调平台的作用，尤其是重视具有强大消费者连接能力的消费互联网平台的作用。依托能够连接到数亿消费者的大平台，利用其技术能力、数据分析能力、连接能力、汇聚能力等优势，推动数字技术应用从侧重消费环节转向更加侧重生产环节以及生产消费的整合环节,通过引入大量的服务商,推动消费互联网与产业互联网在平台上深度融合。在具体路径上,跳出单纯从线下到线上的流量思维,平台协同服务商,向服务业中小微企业提供大量战略性资源和互补性技术,从而降低数字化的门槛和成本,并增强企业数字化的信心和能力。

二 平台提供低成本的数字化工具和流量,推动服务业数字化

数字化的工具非常多,但是部分工具或方案非常昂贵。以营销与宣传工具为例,有企业独立网站、App、网店、小程序等,而这些工具的成本有着非常大的差异,其中小程序的成本最低。最为基础版的小程序成本低于1000元,甚至可以做到零成本。例如,支付宝小程序是商家、机构、个人等主体在支付宝进行数字化经营为用户提供服务的核心阵地,具备三大特点。第一,通过扫一扫、搜索、推荐和频道等,能将用户快速地引入小程序进行服务体验,进而形成用户转化和沉淀。第二,收藏小程序后,用户可通过支付宝首页的"我的小程序"进行快速复访。商家也可通过消息对用户进行找回,从而提高用户的沉淀。第三,小程序还建立了和生活号、群的互通关系,具备内容运营的商家、机构和个人,可以通过和生活号内容私域运营阵地的打通,借助支付宝生活频道开放的运营渠道,最终实现商家、机构品效和品宣的联动运营。调研发现,从成本收益比来看,选择支付宝小程序对中小微企业乃至于夫妻店具有最好的适用性。第三方调研机构阿拉丁最新发布的报告显示,目

前支付宝小程序吸引了零售、餐饮等主要行业近9成商家布局，是国内第二大商业开放生态。而自2022年宣布加大助力商家数字化经营以来，支付宝活跃小程序数增长119%，商家经营成交额增长79%。

在小程序的开发与运营成本方面，小程序产品对开发、托管、智能运营等全流程升级，从而推动小程序成本的降低。支付宝的小程序云引入新型基础设施理念，已开放了云托管、云开发、云效能、智能营销、风险智能和智能客服6大核心能力，使小程序的使用、部署、运维成本更低。基于成本驱动而非价值驱动的理念，支付宝一方面开发了很多基础工具并开源给各方，例如流量监控、报表，使小程序能够将技术与业务全面结合起来，并降低了小程序的开发难度；另一方面也提供了大量的接口和自定义空间，便于服务商和商家根据自身需要，对小程序进行个性化设定。在成本方面，小程序云为商家提供低成本、免运维、高并发业务支撑的服务端解决方案，支持多端接入，可实现分钟级别内调用，让中小企业的云需求成本降低30%。

在解决方案成本方面，支付宝平台还通过开放产品，与服务商共建解决方案，从而推动其成本降低。2022—2023年，支付宝新增开放产品128个，与服务商共建解决方案超650个，服务市场订单量翻倍。

在流量成本方面，通过平台支持的方式，支付宝平台大幅度降低中小服务企业数字化过程中的流量成本。对中小企业而言，数字化要发挥作用，渠道数字化和流程数字化的协同推进有助于更好地打通产销环节，帮助其更高效地实现转型。但是，线上流量成本的不断高涨，数字化的运营成本高，这对中小企业数字化转型非常不利。

支付宝平台提供的小程序，除了其开发成本低之外，也能够通过平台的流量计划，获得低成本甚至零成本的流量，从而进一步降低数字化的运营成本。目前，商家在支付宝上获取流量主要通过两个途径：一是通过流量激励计划"繁星"，用私域运营获取的繁星点数置换公域流量；二是通过付费采买获取。支付宝公域流量持续开放，对商家而言，流量商业采买有了更多确定性，配合新推出的"棋盘密云"数据营销产品，能更精准获取支付宝的高净值人群，流量成本远低于其他平台。

支付宝建立了丰富的服务场景，用户群体更精准且高价值，流量转化率更高，而商家可通过"繁星计划"兑换流量，增加线上客源，积累自己的用户资产。据测算，"繁星计划"平均每天为商家小程序带去100万用户，单个商家平均一年能省下约20万元营销费用。据统计，2022年，支付宝免费开放了近200亿流量激励，大幅度降低了商家营销成本。2023年，支付宝宣布流量激励计划"繁星"升级，加大对中小商家的支持力度，提供超过400亿流量激励。

支付宝平台流量成本低的原因在于其独特的流量分发模式。2018年支付宝小程序正式上线，成为商家借力支付宝开展数字化运营的核心阵地之一。自那时起，支付宝就明确了采用"中心化与去中心化"相结合的平台流量分发模式，并在2021年升级为"去中心化为主，中心化为辅"，以平台公域流量辅助和激励商家开展私域运营，将平台流量真正沉淀为自己的私域用户进行深度运营，从而形成良性的增长循环。

这套流量分发模式提倡商家通过自运营效果的提升，触发激励机制，从而获得平台公域的导流。相对于纯私域或纯公域的平台模式，公私域相结合模式的好处是，可以帮助小商家快速积累种子用户、度过冷启动期，并让各类商家获得爆发性增长的机会，解决商家获客难、获客贵的经营痛点。

2022年7月的支付宝年度合作伙伴大会上，支付宝宣布目前支付宝App首页搜索框、首页应用中心、首页消息提醒、首页推荐卡片、支付成功页、生活频道、消费券频道、会员频道8大"黄金流量位"均实现了面向商家的开放，也为代运营服务商提供了更多机遇。现在商家只要有小程序，生意就能很方便地延伸到支付宝App首页。

支付宝的公域流量，也具有几个差异化特点。

（1）流量基数大：支付宝App拥有10亿国内用户，是国内少有的10亿用户规模App。

（2）流量高价值：由于支付宝在过去十几年来积累了强交易心智，且支付宝生态内金融保险类产品丰富，支付宝用户普遍呈现出强消费黏性的特征。

（3）公域流量多元化：具有根据不同场景、人群分层的特征，便于商家锁定目标客群，精准获客。比如支付宝既有"车主频道""出行频道"这类基于某个具体商业场景做服务聚合的流量场，也有"学生特惠""支付宝会员"这类基于某类人群来做开放的聚合性流量场。

2022年，支付宝启动了"繁星计划2.0"，支付宝平台提供超百亿公域流量，支持商家私域经营，超过22000家商家得到了支持，发放流量点数超过25亿，商家获得激励流量超过370亿访问量（PV）。2023年，"繁星计划3.0"升级版发布，计划扶持超过4万商家，流量投入点数达40亿，系数从5提升到10，并增加商家群分享提供激励，从而进一步降低商家的流量成本。

在支付宝平台流量端，商家引导用户通过扫码、主动搜索、我的小程序、生活号以及消息等渠道访问支付宝小程序，根据小程序月活增量，平台将相应的中心化流量免费兑换给到商家做投放，自运营效果越好，商家获得的激励流量就越多。在私域运营方面，商家粉丝群正式面向行业免费开放，通过打通小程序、直播、搜索、物联网（IoT）设备等主要入口，助力商家连接支付宝生态更多场景、连接更多精准用户人群。测试阶段，商家通过群运营日均可带来12%的营销转化，降低了商家的引流成本。

三 平台聚合需求，从而降低数字化方案的成本

聚合需求，解决服务商高效触达中小微商家的问题，从而降低服务商的成本。同类中小微企业在地理上分散，使服务商在触达中小微商家时效率较低。支付宝平台汇聚了大量中小微商家，能够为商户提供精准的客源流量，服务商一般在特定行业以及特定环节方面具有较为丰富的经验，能够为商家提供高效的流量运营方案以及契合商家需求的流程数字化方案、智慧化供应链方案。既能够在短期内为商家提供客源流量增量，也能够在长期内为商家降本增效，从而使中小微商家对数字化不再排斥，服务商能够以更低成本高效触达到中小微商家。另外，支付宝平台中实现了成功转型的优秀商户会具有较好的示范效应，能够降低其他处于创业初期的经营者的认知难度和心理负担，以更好的心态接纳并学习数字化转型方法，从而能够以积极的态度接受平台与服务商提供的数字化工具和方案。

以规模化优势解决服务商投入产出问题，从而降低数字化

解决方案的成本。服务商为中小微商家提供数字化方案及相关服务时，面临着投入产出比不突出的问题。从投入看，服务商提供软件需要大量的技术研发投入（云计算、数据库、安全风控技术等），完全靠自己研发成本巨大。从产出看，线下中小微商户数量多、分布广，服务商需要投入较多资金和时间来建设线下地推体系，且需要针对小微商家的特点，研发更加适合于线下中小微商家的数字化方案，但线下中小微商户付费能力及生命周期价值（LTV）相对较低，服务商针对单一线下中小微商户产生的回报或难以覆盖前置投入成本。平台与服务商协同，通过降低方案专用性，将之转换为通用性模块，并根据企业的特征进行微调与组装，可以极大地降低交易和复制成本。与大型企业动辄几万元甚至十几万元的复杂数字系统相比，以中小微商户为目标的基础数字化产品可以将成本降到极低，从而使商家能够负担得起。而服务商可以在平台上实现方案的规模化销售，从而获得盈利。

调研发现，支付宝平台以数字化支付作为切入口，平台上汇聚了超过8000万数字化支付商家、400万的小程序商家，这使服务商能够利用平台资源，将其研发的数字化方案经过模块化拼装后，应用到更多的中小微商家，服务商的前期投入成本经过大量的商家分摊后微乎其微，从而解决了服务商投入产出问题。

平台通过服务商扶持计划，降低服务商的成本，从而降低数字化方案的成本。例如，支付宝平台于2023年3月宣布百亿级资金资源支持，在今后，还将继续加大投入帮助服务商增加营收。

（执笔人：胡东兰，合肥工业大学经济学院副教授）

以平台产品技术能力推动就业全链路数字化

切实保障和改善民生,就必须更加突出就业优先导向,确保重点群体就业稳定。就业是最大的民生,适应数字时代就业保障和就业创造,是一个全新的挑战,需要学界和业界共同努力,寻找新答案。

一 数字化为就业赋能

促进就业增长,首先要保障雇主和求职者的信息对称、流动交换通畅,提升匹配效率,让合适的人到合适的岗位;同时,就业前的职业认证、职业培训,就业中的劳动保障、工资发放,就业后的失业保险、再就业等问题,也是中国确保就业稳定、提升就业质量的重要议题。目前,就业市场存在的痛点问题如下。第一,岗位错配造成的供需缺口严重。人社部数据显示,2022年制造企业蓝领缺工人数大于50人的占比达31%,劳动力短缺背后的重要原因是岗位的匹配问题。第二,信息错配,即求职和招聘信息难以实现精准匹配,导致想找工作的找不到,招聘的招不到合适的人。第三,就业保障、职业认证和失业保险等环节的过程门槛高、效率低，导致很多劳动者的权益得不到保障，或者处理成本很高。实践表明，数字化是解决这些难题很好的选择。比如，从2021年开始，支付宝就开始持续通过发挥自身平台优势与数字技术等能力，联合多家招聘机构、职业培训和劳动保障等机构，构建了一个面向就业行业的全链路数字化解决方案。

作为全国最大的数字生活开放平台之一，支付宝现拥有超10亿用户。目前支付宝App上活跃着1.2万户数字化服务商，通过小程序、生活号等数字化经营阵地和工具，帮商家进行数字化经营和催生新产业、新业态、新模式，创造更多新的就业机会和岗位。截至目前，支付宝生态衍生出了超过47种新职业，包括数据标注师、心愿制作师、收钱码系统软件开发师、大数据路线规划师、数字微客、垃圾智能识别师、蚂蚁森林护林员、云客服、大数据路线规划师、不露脸主播、博物馆体验员、知识博主、声音治愈师等。支付宝还通过数字化技术助力提升第三方服务商和招聘平台能力，进而促进灵活用工就业率。2023年6月，支付宝就联合教育部学生服务与素质发展中心共同发起"樟子松计划"促就业活动，聚合包括Boss直聘、智联招聘、脉脉高聘、社区快聘、新安人才网等40多家知名招聘平台、地方招聘机构，以及安徽等多地20家政府人才网站机构，发布近60万就业岗位，帮助大学毕业生等年轻人群就业。另外，通过蚂蚁云客服和"数字木兰"项目来助力女性群体就业。

本文也将以支付宝平台为案例，介绍平台如何联合就业生态多方角色，开放平台技术和产品能力，用数字化方案提高就业匹配度、降低就业市场成本，创造新的就业机会，促进就业增长。

二 平台聚合模式：提高岗位匹配效率的有效选择

支付宝促就业的发展主要经历了三个阶段，包括尝试期、转型期和建设期。在第一阶段，支付宝通过聚合包括实名认证、芝麻信用和就业码等产品力，来解决就业中遇到的核身、信用评价等匹配基础问题；第二阶段则从招聘开始转向全链路优化就业服务，通过"支付宝就业频道"聚合三方招聘平台和就业机构；第三阶段则开启了多生态连接，并最终形成了一整套促就业的数字化解决方案。

就业领域中，对用工企业来说，仍存在招工难、规范管理成本高的痛点；对求职者而言，也存在权益保障不够、岗位与技能不匹配等问题；对招聘服务平台来说，如何提升人岗匹配效率、降低就业成本，也显得非常关键。

目前，各地政府都在积极出台相关政策鼓励支持促就业，企业也在发布更多元丰富的岗位，互联网平台则通过新技术、新模式、新渠道等数字化技术能力与优势，拉通各方资源，助力解决线下获取信息成本高和人岗匹配效率低，以及数字就业人才技能水平不高的诸多问题。例如，2021年，浙江海宁人社部门在支付宝上线"智慧就业码"，并将码张贴在18万户家庭和1万家餐饮门店，用户扫码就可找工作。

事实上，与其他平台不同的是，自2004年成立的支付宝拥有全球10亿用户，月活跃用户数达8亿，依托强大的平台用户体量和活跃度，打造"平台聚合"的促就业模式（见图1）。在科技驱动、创新驱动、产品驱动和生态开放共赢四个发展框架下，主要通过与第三方招聘平台、政府机构等合作，着力解决用户和企业在求职用工时，遇到的信息和能力等不匹配的痛点难题。

	面临困难	实现目标
求职者	权益少、维权难 岗位与技能不匹配	打破信息屏障 提供更多就业机会和劳动保障
招聘机构	招工用工难 招聘效率低	提升匹配效率 降低招工成本
政府机构人社与税务	灵活就业人员流向 劳动权益保障难	建立就业信用，保障劳动者权益 沉淀就业数据，助推高质量就业 履行政府职能，为就业疏难解困

图1 "平台聚合"促进就业模式

平台能发挥的价值是提升政府和招聘机构的效率。支付宝并不下场做招聘，而是做"平台的平台"，用数字化产品帮助就业产业链中的服务平台降本提效。通过平台数字化技术产品能力和协同服务商等三方力量，针对上述人群和就业形态，出台各种促就业的数字化解决方案，助力缓解人岗匹配的就业效率不高难题与数字化人才数量和质量等难题。

以往，求职者在就业链路没有集中统一的平台。找工作需在各大招聘平台找信息，面试也是流程繁琐，需要单个面试。对用工量大的企业机构而言，集中招聘期，面试成本会非常高。上班后，打卡需要在钉钉等工具，培训时各用工企业用的也是各不相同的培训平台，发工资又是各大银行，投保险需要去各大保险公司找，有的甚至不给投保。这种情况下，求职者和用工单位成本都比较高，亟待变革。在数字技术的推动下，支付宝发挥平台连接器的作用，目前已聚合了Boss直聘、智联招聘等在内的200多个大中小型招聘平台。中国社会科学院此前发布的研究报告显示，支付宝通过打造平台的平台，搭建支付宝就业频道，目前已总计促成超过千万人次的引致就业。

三　全链路：优化就业解决方案

支付宝2021年上线了支付宝就业小程序，对政府机构和生态伙伴开放就业场域和产品能力，并提出"招""用""薪""培""保"全链路的数字化就业解决方案。在上述五个就业链条中，都实现了数字化。比如，招聘环节首先需要解决用户实名和企业信用，用工环节可以线上签约合同，薪酬环节需要实时结算薪水并申报个税，培训环节能否将培训和认证结合，保障环节是否能够让用户自由、灵活购买基础社保和商业保险。

基于"支付宝就业"小程序，支付宝会给求职者提供一站式全流程服务，既有政府的就业服务，也有就业岗位，确保服务权威，企业真实，岗位真实。让用户既可以快速找到安全可靠的工作，也可以找到各种服务。比如，一个刚刚大学毕业的学生，需要获得就业补贴，或者创业支持，可以在这个小程序找到相关服务；如果一个灵活就业的用户，在找工作中遇到纠纷，可以在这里找到免费的法律援助服务；如果一个农民工没有拿到报酬，可以使用欠薪投诉的服务。支付宝希望通过找工作和找服务，给用户建立安全可靠的就业心智。

此外，支付宝目前已链入政府机构（如人社部等）合作方，提供的社保缴纳、创业补贴、失业保障、职称认定等就业保障服务超400种，所提供的就业服务与就业岗位覆盖全国超过300个城市。

政府机构和招聘平台可以在自身支付宝小程序发布岗位，也可以通过支付宝就业小程序频道发布岗位。支付宝还支持政府机构或者招聘平台生活号"直播带岗"，让招聘方式更多元、更丰富，并将提供流量激励，让招聘机构可触达更多用户、提升招聘效率。

为支持这套就业服务数字化解决方案的落地，支付宝还专门研发了一整套数字化技术产品，主要包括实名认证、人岗匹配、芝麻工作证、区块链合同、芝麻企业信用、转账代发等技术。其中，芝麻企业信用可以提供给招聘平台，使其全面了解用人企业的信用问题。将芝麻工作证提供给招人企业，方便求职者能便捷更新工作履历等简历认证。将 AI 面试功能开放给招聘平台，帮助用工方和求职方快速线上面试。将蚂蚁区块链提供给招聘平台，求职者只需刷脸即可以和求职方快速签订线上劳务合同。将转账功能和保险功能开放给用工企业，实现实时日结工资和帮助求职者当日保险保障。另外还包括风控安全能力，帮助商家减少内容安全风险，全面保障求职招聘双方的安全性。

这些产品能力也统称为支付宝促就业的数字化三件套（见图 2），因提供了可信技术支持和大幅度提升了人岗匹配率，而被中国互联网大会评选为 2023 年度"互联网助力经济社会数字化转型"案例。

一套独特能力：可信求职 + 可信用工，进而提升求职效率和安全度。主要做法包括：聚合招聘平台，降低用户搜索岗位信息成本，累计发布 5000 多万岗位；利用芝麻信用等产品能力，进行核身和职业认证，增强招聘求职双方的可信度和安全性；通过"直播带岗"等方式，提升传统就业市场人、岗、场

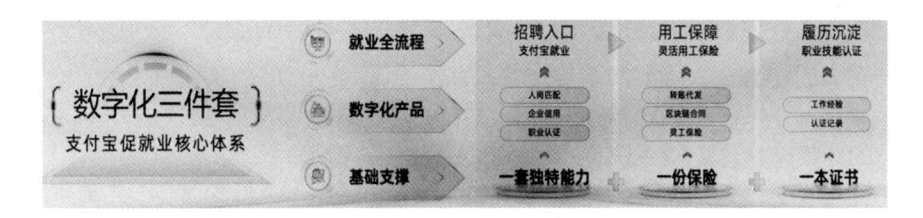

图 2　促就业的数字化三件套

匹配效率。

一份保险：蓝领人群等就业保险通常少有人关注，尤其快递、家政、维修、分拣员等行业从业者的工作，因为时间不固定、不连续、变化性大等特性，他们难以得到有效的就业保障。于是支付宝上线发布了灵工保，针对蓝领人群支持日/月/年灵活购买，最高保额达 90 万元。可以做到线上直投、按日交付、实时生效，单日最低甚至只需 0.19 元。

一本证书：上线包含小程序开发、数字化运营等在内的 15 门认证服务课程，另有数字化解决方案设计师、区块链应用操作员、数据库运行管理员三项职业技能认证，获人社部认可，拿证者可以获得补贴和减免税收。目前已有上万年轻人报考相关资质并拿到了证书。

四　IoT 等数字技术：提升人岗匹配率的关键保障

1 号职场隶属于上海小砖块网络科技有限公司，成立于 2018 年 11 月，是支付宝上第一个打通钉钉的应用，实现了支付宝 10 亿用户与钉钉 1700 万组织的跨 App 对话，基于钉钉、芝麻工作证 1 号职场的真实数据，构建透明、高效的职业规划平台。该公司利用人工智能和推荐算法，打造中国第一家人力资源行业基于大数据驱动的数字化职业服务平台，为行业提供数字化解决方案。

在支付宝生活号直播一年来超 1000 场，支付宝生态里第一家使用虚拟数字人直播，打造 24 小时不落幕直播间。2023 年五福期间，一场"直播带岗"，吸引 2000 万人次关注，相当于 700 场线下招聘会的效果，目前直播观看近 1 亿人次。

此外，1 号职场还与支付宝联手推出了名为"1 键求职机"的创新产品服务，给零工市场、政府机构、大学求职驿站、人力资源机构、企业招聘等场景带来更加便捷的求职体验。这项服务的目标是简化招聘流程，为招聘者提供更高效、更智能的人才筛选方式。

"1 键求职机"的核心功能在于智能筛选人才简历，系统挖掘出最匹配求职者与招聘者的心仪人才。招聘者可使用该服务快速获取求职者授权的简历信息，能更加准确地评估求职者的能力和适应性，从而提高招聘成功率。对于求职者而言，他们只需在"1 键求职机"上刷脸进行报名，便能快速、直接查看他们感兴趣的岗位信息和要求。这种创新的招聘方式抛开了传统的纸质简历和繁琐的报名流程，使求职者能够更直观、高效地浏览并选择适合自己的工作机会。零工市场、政府机构、大学求职驿站、人力资源机构、企业招聘等场景将迎来数字化和智能化的转型。通过整合 1 号职场和支付宝就业的技术资源，这一合作为求职者和招聘者提供了更加便捷的求职和招聘方式，同时也能更好地促进人才与企业的有效匹配。这将进一步推动经济的发展，助力更多人实现就业机会和职业发展。

1 号职场"1 键求职机"面世以来，已与全国 30 多个机构合作，包括全国人才交流中心、政务服务中心、火车站、大学生求职驿站、事业单位、零工市场。合作的政府机构：杭州市余杭区政务服务中心、金华永康市人力资源服务中心、江西省人力资源协会。

青团社则是行业内针对灵工就业的第一招聘平台，主要以劳力共享模式为学生和蓝领提供安全可靠的兼职工作，同时为企业提供弹性用工的数字化解决方案。基于支付宝平台数字化模式解决人员匹配效率低、用工不规范、证件管理不可靠、零工保障不充足、工资结算风险高、税制安排不合理、履历沉淀不健全等问题，借助支付宝能力帮助企业扩大更多就业，给劳动者提供更多就业机会，让就业更自由。

上线支付宝小程序后，其平台线上兼职用工短期增长40万人次；新增用户中，3成来自支付宝。人岗匹配率提升80%，累计已服务人数突破6000万。支付宝同时为该平台提供工作证、健康证等，助力提升人岗就业匹配效率。

2022年3月，安徽省十大民生工程——家门口就业，也通过"社区快聘"小程序与支付宝合作，并依托支付宝帮扶重点人群就近找工作，推进家门口就业快速发展。目前社区快聘小程序覆盖安徽省11个地市、77个区县、402个街道、2647个社区。"社区快聘"小程序已成为重点就业人群的贴身服务窗口、社区工作人员实施帮扶的得力手段、获取企业公益岗位的有效渠道。

（执笔人：孙俊彬，中国市场学会特约研究员；
肖辉龙，中国市场学会特约研究员）

服务业数字化发展的市场化、产业化和国际化

加快服务业数字化转型，是顺应新一轮科技革命和产业变革、推动服务业高质量发展的必然要求，是推动产业链、供应链、价值链优化升级，培育新业态、新模式、新动能的重要手段。对此，人们纠结的是如何实现服务业数字化转型？现实要求我们必须首先认清中国服务业数字化成果的市场化、产业化、国际化及其相互关系：市场化即是按照市场经济的规律，形成一种促进服务业数字化研发和成果转化利用的机制；产业化则意味着扩大生产规模、开拓市场、组建企业集团、提高产业开发能力；国际化要求世界范围内开放性的市场、资金、人才、技术与管理等的双向流动，在更大规模、更高层次上实现服务业数字化转型的市场化与产业化。

一 市场化决定服务业数字化转型成败的关键

时下，"数实融合"成为产业界面向未来的发展共识，服务业数字化转型行至深水区，难点是什么、突破口在哪里？

2022年下半年以来，笔者在参与北斗时空服务时发现，这

是一个巨型服务业"大蛋糕"。据有关部门统计，到2025年全国将实现万亿元市场规模，"十五五"时期将达到四万亿元、"十六五"时期可达十万亿元。

这么大的市场规模，我们首先碰到的是如何市场化，或者说是服务业数字化应用场景的问题。2021年9月16日，习近平总书记在《致首届北斗规模应用国际峰会的贺信》中指出："当前，全球数字化发展日益加快，时空信息、定位导航服务成为重要的新型基础设施。"[①] 自2020年7月中国宣布北斗三号全球卫星导航系统开通服务以来，北斗系统在全球一半以上国家和地区推广使用，北斗规模应用进入市场化、产业化、国际化发展的关键阶段。2022年9月，笔者执笔写了浙江时空服务的应急报告，得到时任省委主要领导及其他省领导批示，还得到中国工程院院士沈荣骏推介。但时空服务在中国究竟如何落地？2023年我们又大胆提出了在县域经济中先行先试的方案，首先解决数字化、市场应用难的诸多问题。

说到底，在"数实融合"的时代背景下，如何发挥数字技术对服务业全链条和全方位的改造，市场化问题成了产学研界的共同关切。

这就要求我们至少从两个方面寻求市场化的突破口：一方面加快服务业市场化的改革力度。当务之急，首先，要打破社会资本进入服务业的各类有形和无形壁垒，全面实现服务领域的平等竞争。其次，要以产业政策转型促进服务业市场化改革。随着市场经济体制建立，产业政策与经济转型升级趋势不相适

---

① 《习近平书信选集》第1卷，中央文献出版社2022年版。

应的矛盾日益突出，并由此带来某些不公平竞争及抑制创新等负面效果。最后，充分发挥科技革命对深化服务业市场化改革的推动作用。在5G、人工智能等新技术驱动下，数字经济等将带来新的业态，推动产业变革与社会变革。

另一方面加快服务业数字化落地生根。其一，在明确服务业数字化转型的方向基础上，整合服务行业中"人货场"逻辑关系下的数据要素，做好供需有效互动，优化资源配置效率，提高服务的能力和水平。其二，通过市场化手段推进服务业数字平台建设，倡导自律、推广应用、协同创新、重点突破，帮助关联企业整合数据资源、打破数字鸿沟，实现经济与社会效益双丰收。

李勇坚2023年首次提出的"中国式服务业数字化"理论概念及实践路径：强调商家、服务商、平台、消费者四方共创模式，重视互联网平台助推器作用的同时，也呼吁市场推出更多"普惠型"数字化解决方案，以弥合商家数字化领域的"新型数字鸿沟"，同时呼吁推出服务业数字化转型行业指南，对第三方技术服务商给予政策扶持。①

我们知道，平台经济是以实现产品及服务交易为目的，利用互联网、物联网、大数据等信息技术构建的一体化、网络化、智能化平台，具有生态化、高效化、灵活化特征。数字服务平台作为以数字技术为支撑的新经济模式，在拉动中国数字经济增长的同时，越来越多地承担起社会及行业管理责任。特别是在抗击新冠疫情过程中，数字服务平台在保障居民生活、支持

---

① 李勇坚：《"中国式服务业数字化"：基本框架与政策含义》，《贵州社会科学》2023年第7期。

疫情防控方面发挥了巨大作用。

二 产业化决定服务业数字化成果能否尽快形成规模效益

尽管中国的服务业数字化领域频出创新实践，但是这一阶段的数字化主要解决的是经营环节降本增效的难题，全链路的数字化渗透率较低。此外，中国服务业95%以上都是小微企业，在这些企业之中，还有相当一部分没有成为数字化的受益者。近日，浙江遴选发布了若干典型案例，从产业化角度笔者觉得杭州的做法值得借鉴。

消费：在杭州大武林商圈商贸产业区，拥有杭州大厦、武林银泰等5大商业综合体，武林路女人街、丝绸城两条特色街区以及坤和中心、汇金国际等税收亿元楼，入驻规上服务业企业625家。2023年1—9月，实现营收3610.8亿元，实际完成投资27.8亿元。亮点是强化产业与城市功能耦合，激活商圈发展新引擎；加大商业与文化旅游融合，塑造商贸消费新业态；加快服务业与数字化结合，跃升营商环境新台阶。

金融：在杭州上城现代金融区，东片区位于杭州金融城，西片区为玉皇山南基金小镇，总规划面积约9.6平方千米。创新区以现代金融为主导产业，集聚省级以上持牌金融机构161家，备案私募管理人553家，各类投资类、资产管理类企业2200余家。2023年1—9月，创新区实现金融业增加值502亿元，增速6.4%。亮点是以政策洼地打造产业高地，对新引进达到一定规模金融企业、类金融企业、金融科技企业，三年内分别给予补助；以人才纽带赋能产业链条，打造人才全流程服务，搭建广阔的创业创新平台；以营商环境构建产业生态，"营商一件事"等试点经验在全国范围内推广。

互联网：在杭州滨江互联网现代服务业区，聚焦信息技术服务、数字贸易、生命健康服务三大主导产业，集聚阿里巴巴、网易、华为杭州研发中心等行业龙头企业，建成17家市级以上孵化器（众创空间）。2023年1—9月，实现营业收入1600亿元，利润总额为351亿元。亮点是推进"裂变+协同"，推动数字服务往高攀升；推进"科创+产业"，推动数字服务向新进军；推进"数字+服务"，推动数字服务以融提效。

服务创新：杭州未来科技城服务业创新发展区，规划面积7.16平方千米，拥有之江实验室、北航VR/AR创新研究院等高能级科创载体，拥有梦想小镇、人工智能小镇、5G创新园等特色孵化平台，拥有阿里妈妈、天猫技术、菜鸟、同盾科技等龙头企业，基本形成了"源头创新—产业转化—终端应用"全链条覆盖的创新生态。2023年1—9月，实现营业收入5966.5亿元，同比增长12.58%。亮点是以招大育强为牵引，增强全产业内生动能；以人才集聚为抓手，激发全生态创新活力；以品牌赛事为支撑，打响全领域品牌效应；以稳企助企为契机，优化全方位增值服务。

推进服务业数字化是转变经济发展方式的内在要求，也是构建现代产业体系的重要途径。党的十九届五中全会提出，"推动生产性服务业向专业化和价值链高端延伸，推动各类市场主体参与服务供给，加快发展研发设计、现代物流、法律服务等服务业，推动现代服务业同先进制造业、现代农业深度融合，加快推进服务业数字化"。这为中国服务业快速发展指明了正确方向，提供了重要遵循。当下服务业数字化升级主要任务如下。

一是推动传统服务业转型升级。围绕扩大内需、适应消费方式转变的要求,加快城乡区域、线上线下融合,健全城乡居民服务体系,引导传统服务业数字化改造,发展新业务、新商业模式。鼓励综合实力强、发展潜能大的服务企业构建平台型生态体系,增强技术、品牌和渠道等重点要素跨地区、跨行业整合能力。例如,阿里巴巴、亚马逊、eBay 等电商平台,Uber、滴滴等出租车平台,Upwork 和 BOSS 等求职平台,Airbnb 等民宿短租平台,都是传统服务基础上发展起来的平台。传统服务转型升级要重视推进服务质量标准化建设,持续提升服务质量;推动传统服务业创新经营方式,向连锁经营、规模化经营发展,扶持各个领域龙头企业品牌化经营。

二是发展知识密集型服务业。知识密集型服务业主要依赖专业知识来提供知识型的中间产品和服务,不仅要求投入专门的知识信息,还强调服务产出的高度知识化,是服务业中创新活跃、劳动生产率较高的部门。今后要在优化服务业监管、放宽市场准入等方面切实发力,扩大利用外资的空间。

三是促进现代服务业跨产业融合。第一种方式是制造企业、农业企业向服务业拓展,鼓励有条件的制造企业、农业企业向价值链两端延伸生产经营活动。在全球价值链的阶梯结构中,诸如美国通用电气(GE)等许多企业均是从做硬件到做软件,从制造业为主转向以服务业为主。第二种方式是服务企业强化对制造业、农业的支撑能力。重点是提升研发设计、生产销售、采购分销、物流配送等制造业、农业全过程全生命周期专业化服务能力。

案例篇

三　国际化决定服务业数字化发展的内外需竞争力

服务业是国民经济的重要组成部分，是衡量一个国家、一个地区经济社会发展水平的重要标志。近年来，中国把服务业扩大开放作为构建新发展格局、扩大高水平对外开放的重要着力点来部署，再次表明中国扩大高水平开放的决心不会变。

浙江在深入实施数字经济"一号工程2.0版"中，率先提出加快打造全球数字贸易中心，以市场化方式推进电子世界贸易平台全球布局，办好全球数字贸易博览会，建设线上线下融合市场平台、开源开放数据平台、国际结算平台。

2023年11月，习近平主席向第二届全球数字贸易博览会致贺信，指出"全球数字贸易蓬勃发展，成为国际贸易的新亮点"，强调"促进数字贸易改革创新发展，不断以中国新发展为世界提供新机遇"，希望各方"携手将数字贸易打造成为共同发展的新引擎，为世界经济增长注入新动能"，[①] 这也为服务业的国际化指明了方向提供了遵循。

走进杭州第二届全球数字贸易博览会现场，才得知这是中国唯一以数字贸易为主题的国家级、国际性、专业型展会。在这里，飞行载具、无人驾驶汽车、室外带电作业机器人等竞相亮相，人工智能、大数据、云计算、物联网、虚拟现实等实现突破，数字创意、数字医疗、数字娱乐等找到应用场景……在

---

① 《共同把握新机遇　携手打造新引擎——习近平主席向第二届全球数字贸易博览会致贺信汇聚共同发展新动能》，《人民日报》2023年11月24日第2版。

数字贸易的助力下，越来越多的新技术、新产品、新服务与新场景从梦想照进现实，不仅给千行百业带来生机与活力，也为美好生活拓宽了深度和广度。

有数据显示，2022年中国可数字化交付的服务进出口额达3727.1亿美元，同比增长3.4%，规模持续扩大的同时结构不断优化，让共建共商共促共享数字贸易发展新机遇成为可能。全球数字贸易博览会的成功举办也有力证明，中国开放的大门只会越开越大。充分利用全球数字贸易博览会平台，推动全球数字贸易高质量发展，共商合作、共促发展、共享成果，必将塑造数字贸易发展新优势，为世界经济增长增添动力。

当前中国人均国内生产总值已突破1万美元大关，消费形态正由实物消费为主加快向服务消费为主转变。但中国服务业增加值约占GDP的55%，比发达国家低20个百分点左右，存在着与制造业融合发展不够、现代服务业发展不足等问题，需要进一步扩大服务业开放，持续培育新的发展动能，塑造国际竞争和合作新优势。

也就是说，服务业开放有助于加快构建新发展格局。通过畅通生产、交换、消费环节，巩固国内大循环的主体地位，促使服务业供给端总量增加和质量提升。生产上，先进的生产性服务业带来的示范效应和竞争效应，能够为制造业转型升级提供更好服务。交换上，更高水平的服务业供给带来更加顺畅高效的流通体系，能够更好地连接生产与消费，畅通经济内循环。消费上，高水平推进服务业扩大开放有助于增加高端服务供给，更好满足国内的服务需求。与此同时，通过提升全球分工地位，进一步提高中国国际经济循环水平。服务贸易是连接全球价值链分工的纽带，高水平推进服务业扩大开放，有助于提高服务贸易的自由化、便利化程度，使本国企业深度参与全球价值链，同时吸引优质要素流向国内。

与此同时，要加快打造服务业对外开放新格局。进一步对标高标准国际经贸规则，提升制度型开放水平，打造优良营商环境。建立健全跨境服务贸易负面清单制度，实行以"既准入又准营"为基本特征的服务贸易自由化便利化政策。深度参与"一带一路"建设，推动重点领域开放，丰富开放内涵，加大开放力度，提高服务领域开放水平。全面落实外商投资准入前国民待遇加负面清单管理制度；拓展国际贸易"单一窗口"服务领域，整合相关政府部门业务流程，加快推动"单一窗口"功能由口岸通关执法向口岸物流、贸易服务等环节拓展；探索简化服务业境外投资管理，优化境外投资流程，进一步引导和规范境外投资方向。用浙江的话来说，将全力打造数字科创高地，加强数字领域关键核心技术攻关；全力激发数字产业活力，打造世界级数字产业集群；全力推动数字贸易发展，稳步扩大制度型开放，加快建设创新引领、活力澎湃、开放共赢的全球数字贸易中心。

总而言之，目前中国服务业数字化转型发展的市场化、产业化与国际化加快推进的同时，还将向基础更牢、结构更优、动力更足方向迈进。进而，让我们信心百倍追逐着服务业数字化高质量发展，必将有力促进数字中国建设，助力中国经济社会高质量发展。

（执笔人：张国云，长三角现代服务业联盟主席，浙江省发展和改革委巡视员，研究员）

参考文献

（一）著作

程大中：《中国生产性服务业发展与开放：理论、实证与战略》，复旦大学出版社2020年版。

姜奇平：《数字经济学：微观经济卷》，中国财富出版社2003年版。

［美］威廉·鲍莫尔等：《增长的烦恼：鲍莫尔病及其应对》，贾拥民译，中信出版集团2023年版。

（二）期刊论文

郭克莎、杨倜龙：《制造业与服务业数字化改造的不同模式》，《经济科学》2023年第4期。

黄少安：《谨防数字化经济陷阱》，《东北财经大学学报》2023年第5期。

江小涓：《高度联通社会中的资源重组与服务业增长》，《经济研究》2017年第3期。

江小涓、罗立彬：《网络时代的服务全球化——新引擎、加速度和大国竞争力》，《中国社会科学》2019年第2期。

刘诚、夏杰长：《线上市场、数字平台与资源配置效率：价格机制与数据机制的作用》,《中国工业经济》2023 年第 7 期。

李晓华:《数字技术与服务业"成本病"的克服》,《财经问题研究》2022 年第 11 期。

李建华、孙蚌珠:《服务业的结构和"成本病"的克服——Baumol 模型的扩展和实证》,《财经研究》2012 年第 11 期。

李勇坚:《"中国式服务业数字化":基本框架与政策含义》,《贵州社会科学》2023 年第 7 期。

谭洪波、夏杰长:《数字贸易重塑产业集聚理论与模式——从地理集聚到线上集聚》,《财经问题研究》2022 年第 6 期。

夏杰长、熊琪颜:《数字技术赋能中国服务业成长:作用机理与实施路径》,《中国经济学人》(英文版)2022 年第 6 期。

夏杰长、肖宇、欧浦玲:《服务业"降成本"的问题与对策建议》,《企业经济》2019 年第 1 期。

夏杰长、肖宇:《新实体经济赋能中国经济现代化:作用机理与实施路径》,《社会科学战线》2023 年第 3 期。

夏杰长、袁航:《数字经济、要素市场化与中国产业结构转型升级》,《广东社会科学》2023 年第 4 期。

肖宇、夏杰长:《数字贸易的全球规则博弈及中国应对》,《北京工业大学学报(社会科学版)》2021 年第 3 期。

肖宇、史楠:《商业银行数字化转型的主要模式与路径研究》,《全球化》2022 年第 6 期。

周煜:《智能化时代美国老年数字鸿沟的现状与启示》,《国外社会科学》2022 年第 6 期。

张杰:《金融中介理论发展述评》,《中国社会科学》2001 年第 6 期。

张勋等:《数字经济、普惠金融与包容性增长》,《经济研究》

2019年第8期。

(三) 英文文献

Anne-Kathrin Last, Heike Wetzel, "Baumol's Cost Disease, Efficiency, and Productivity in the Performing Arts: An analysis of German Public Theaters", *Journal of Cultural Economics*, No. 35, 2010.

Daron Acemoglu, Pablo D. Azar, "Endogenous Production Networks", *Econometrica*, Vol. 88, No. 1, 2020.

David R. Baqaee, "Cascading Failures in Production Networks", *Econometrica*, Vol. 86, No. 5, 2018.

Dorothy Riddle, *Service-led Growth: The Role of the Service Sector in the World Development*, Praeger Publishers, 1986.

Joe P. Mattey, *Will the New Information Economy Cure the Cost Disease in the USA? In The Growth of Service Industries: The Paradox of Exploding Costs and Persistent Demand*, Elgar, 2001.

John G. Gurley, Edward S. Shaw "Financial Intermediaries and the Saving-Investment Process", *Journal of Finance*, Vol. 11, No. 2, 1956.

Paul David, "The Dynamo and the Computer: An Historical Perspective on the Modern Productivity Paradox", *American Economic Review*, Vol. 80, No. 2, 1990.

Robert Gordon, "Has the New Economy Rendered the Productivity Slowdown Obsolete?", Mimeo, Northwestern University, 1999.

Ronald Shelp, *The Role of Service Technology in Development, in Service Industries and Economic Development: Case Studies in Technology Transfer*, NY: Praeger Publishers, 1984. William

参考文献

J. Baumol, *The Cost Disease: Why Computers Get Cheaper and Health Care Doesn't*, Yale University Press, 2012.

William J. Baumol, "Macroeconomics of Unbalanced Growth: The Anatomy of Urban Crisis", *The American Economic Review*, Vol. 57, No. 3, 1967.

Zvi Griliches, *Output Measurement in the Service Sectors*, University of Chicago Press, 1992.